中公新書 1532

臼井勝美著

新版 日中戦争

和平か戦線拡大か

中央公論新社刊

はしがき

日中戦争については、その終焉より五十年を経て、新たな事実の発掘、新たな視角による研究の深化が今日も続いている。旧版『日中戦争』が一九六七年に刊行されてから、長い歳月が経過した。

このたび叙述を改め、不充分ではあるが新版を出すのは二十世紀を終るにあたって日中戦争の歴史化、すなわち歴史的位置づけを急ぎたいという思いがあるからである。

太平洋戦争（大東亜戦争）については批判、擁護いずれの立場をとるにせよその位置づけが明らかになりつつあるが、日中戦争に関しては個々の事件、問題に対する論議はあっても「全体像」についての論及は少ないように思われる。それは日中戦争に対する見解の一致を示しているのか、あるいは太平洋戦争のかげに隠れてその意義が閑却視されているのか、あるいは正視を回避しようとしているのか、原因はさまざまであろう。

いずれにせよ、この際あらためて日中戦争のもつ意味を問い直してみたいと願うのである。そのため新版においては、旧版に比して、日中戦争勃発の原因、収拾の失敗、太平洋戦争への拡大過程、敗北にいたる状況などを、責任論を含めてより明確にするよう努めた。

本書が「日中戦争とはなんであったのか」を考えるうえでなんらかの参考になれば幸いである。私事にもつながるが、戦争によって死・生ともに大きな影響をうけた「同時代の人々」への愛惜の思いがいよいよ強まるのを覚えるのである。

日中戦争研究の発展を衷心より希望してやまない。

目次

時期区分と人物

「日中戦争」を考えるにあたり、

前史	一九三三―三七年
盧溝橋事件から太平洋戦争勃発まで	一九三七―四一年
太平洋戦争から敗北まで	一九四一―四五年

の三期に区分することは常識的で、あまり異議はないとみられる。

第一期は一九三三年六月から一九三七年七月までの五十ヵ月で斎藤、岡田、広田、林、近衛の五内閣が分担するが、斎藤十三ヵ月、岡田二十一ヵ月、広田十二ヵ月、林四ヵ月で最も長期の岡田内閣も四二パーセントでしかなく岡田の時期と称することはできない。この間広田は外相三十一ヵ月、首相十二ヵ月計四十三ヵ月を勤め長期（八六パーセント）にわたって政策の中枢にいた。広田の時期といえる。しかし中国政策については三十四ヵ月（六八パーセント）にわたって外務次官を勤めた重光が主導権をとっているので、広田・重光の時期といったほうがよい。

第二期を近衛の時期、第三期を東条の時期とする。

第二期は一九三七年七月から一九四一年十二月とすると五十四ヵ月である。そのうち近衛内閣（第一、二、三次）の時期は三十五ヵ月、約六五パーセントを占める。残りの三五パーセントを平沼、阿部、米内の三内閣が分担し、最後に東条内閣となる。換言すれば中間三内閣を間に挟んで近衛が時局の流れに決定的な影響を与えたとみることができる。盧溝橋事件の処理、日独伊三国同盟の締結はいずれも近衛内閣のときである。本期にもし脇役を一人選ぶとすれば板垣征四郎陸相であろう。

第三期は一九四一年十二月から一九四五年八月まで四十五ヵ月で、そのうち東条内閣は三十二ヵ月、約七一パーセントを占め、残りの二九パーセントを小磯、鈴木内閣が分担する。よって東条の時期とする。外相は開戦と終戦を東郷が、中間期を谷、重光が担当した。

中国側はどうか。

第一期（一九三三年六月―一九三七年七月）は前期と後期に区分できる。前期はいわゆる蔣汪合作時期、蔣介石軍事委員会委員長と汪兆銘行政院長が軍事、政治を分担した時期であるが基本的には蔣が仕切っていたとみてよいであろう。汪は外交部長を兼任し、対日外交の前線に立っていた。後期は三五年十二月、汪に代って蔣介石が行政院長になり、外交部長に張群を起用することによって始まる。張群は三七年三月王寵恵に代る。

第二期、蔣介石行政院長は十一ヵ月間（三十八年一月―十一月）のみ孔祥熙に代るだけであり外交部長も王寵恵が四一年四月まで継続する。四月から十二月までは郭泰祺である。

第三期は基本的に蔣介石行政院長、宋子文外交部長体制といってよい。

この間全期を通じて蔣介石は軍事委員会委員長を独占する。しかし第二、第三期と時を経るに従って、毛沢東の役割が徐々にしかし確実に高まってくるのを確認しなければならない。

もっとも簡単に称すれば中国の蔣介石独裁体制に対し日本は首相一一人（うち八人は軍出身）で対抗したということになろう。

新版 日中戦争

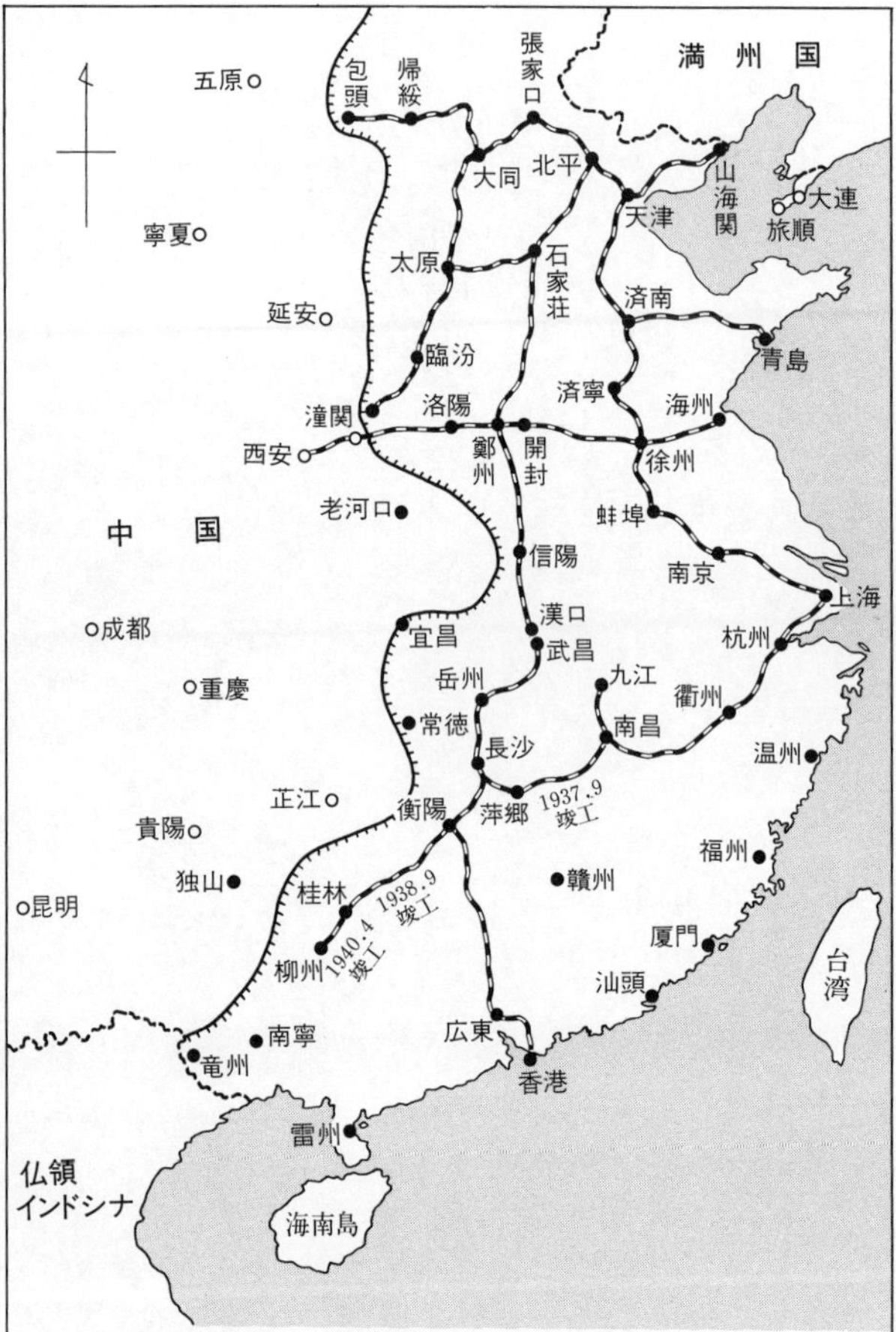

日中戦争時の中国東部鉄道略図　●は日本軍占領都市(一時占拠を含む)を示す

日本軍の最大進出地域

一、前史

塘沽停戦協定の成立

一九三一年九月十八日夜、南満州鉄道が奉天（瀋陽）郊外で中国軍によって爆破されたと称して日本軍（関東軍）が一斉に軍事行動を起こし、奉天はじめ南満州の要地を占領した。満州事変の勃発である。南満州鉄道（大連―長春）いわゆる「満鉄」は日本が日露戦争でロシアから譲渡された鉄道で関東軍はその護衛を任務としていた。

日本軍は中国の抗議、国際的な非難を無視して北満州にまで軍事行動を拡大し遼寧、吉林《きつりん》、黒龍江三省にわたる人口三〇〇〇万を擁する広大な地域に翌一九三二年三月新国家「満州国」を樹立し、強引に中国から分離した。満州国は建国にあたって中国からの独立を宣言し、執政として清朝最後の皇帝溥儀《ふぎ》を擁立した。

中国は日本の満州における広汎な武力発動を不法な侵略行為として国際連盟に提訴し、連盟は翌一九三二年三月イギリス人リットンを長とする調査団を中国に派遣した。その調査報告が連盟によって発表される直前の九月十五日、日本は日満議定書に調印し「満州国」を正式に承認、国交を樹立した。

国際連盟は十月二日、調査団の報告書を公表した。日本の、満州事変は自衛行動であり満州国の建設は現地中国人の意志による、とする主張は一切認められなかった。原則論として日本に厳しい報告であったが、満州の将来に対する勧告は日本が満州にもつ特殊な関係を配慮した内容になっていた。しかし満州国を正式に承認したことによって日本は自ら対応の柔軟性を喪失していた。

国際連盟総会は翌一九三三年二月二十四日、リットン報告を基調とした決議を賛成四二票、反対一票（日本）で採択した。松岡洋右《ようすけ》代表は各国代表の注視を浴びつつ総会議場を退場した。日本が連盟脱退を通告したのは三月二十七日である。

同じころ現地満州では、関東軍が熱河方面で新たな軍事行動を展開した。三月四日省都承徳をほとんど無抵抗で占領した。しかし関東軍が万里の長城に達すると、関門の争奪をめぐり中国軍は激しく抵抗した。とくに喜峰口、羅《ら》文峪《ぶんよく》では宋哲元の率いる第二十九軍が大刀を背負い手榴弾を武器に夜襲を重ね、日本軍を脅かした。関東軍は激戦の末、四月、ようやく万里の長城の線をほぼ確保し、長城は満州国と中国本部の分離境界線となった。

天皇は関東軍の熱河作戦を承認するにあたり、長城の線を越えて中国本部に南下することを固く禁じた。しかし五月三日、武藤信義関東軍司令官は第六師団、第八師団に長城よりの本格的な南下進攻作戦を命じた。天皇は激怒したが、事実上無視された。武藤によれば、長城方面に集中して満州国に脅威を与える中国軍を膺懲《ようちょう》し、満州国の版図を防衛するのが作戦の目的であった。一斉に南下を開始した関東軍は中旬までに玉田、密雲、懐柔などの要衝を占領、北平《ペーピン》（北京）への進攻も時間の問題とみられた。戦火を避ける避難民は続々と北平市内に流れ込み、北平はパニック状態になった。共産軍討伐を前線で指揮していた蔣介石は三月、あわただしく北上、張学良を下野させて抗日の姿勢を示したが、「安内攘外」、まず内（共産軍）を平定して次に外敵（日本）を攘《はら》うという基本方針に変化はなかった。

中国は五月三日行政院駐平政務整理委員会の設置を決定、知日派とみられ、蔣の信頼の厚い黄《こう》郛《ふ》を委員長に任命し北上を急がせた。黄郛の任命は事態を平和裏に収拾しようとする国民政府の意図を示していた。関東軍にも北平攻略の意図まではなかった。

五月三十日、海河河口に近い塘沽《タンクー》で日中停戦会議が開かれ、翌三十一日関東軍副参謀長岡村寧《やす》次《じ》と軍事委員会北平分会総参議熊斌《ゆうひん》との間に塘沽停戦協定の調印をみた。

この協定により中国軍は延慶、昌平、高麗営、順義、通州、香河、宝坻《ほうてい》、林亭口、寧河、蘆台の線以西、以南に撤退し、以後この地帯に進入することは禁じられた。この地帯の治安の維持は反日的でない保安隊が担当する一方、日本軍は中国軍の撤退を確認したならば「概《おお》ね長城の線に帰還」する。つまり長城以南の広大な中国領土（人口約四〇〇万）に中立地帯が設定されたのである。日本側がこの協定の成立によって、中国は長城の線を満州国の国境とすることを事実上認めたと解釈しても無理はないであろう。

蔣介石は六月六日、日記に次のように書いた。

「このたびの停戦によって恥辱を蒙ったいま、われわれは臥薪嘗胆《がしんしょうたん》、いじけたり、怠けたりすることなく、自信をもって建設計画を確実に実行し、十年以内にこの恥辱をそそがねばならない」

日本は、満州事変は終り、占領地経営すなわち満州国建設の時期に入ったと認識したが、中国にとっては失地回復のための「臥薪嘗胆」の時代が始まったのである。

「天羽声明」前後

斎藤実《まこと》内閣の外務大臣として広田弘毅《こうき》（前駐ソ大使）が内田康哉《こうさい》に代ったのは一九三三年九月十四日である。

広田外相は翌十月二十五日、五相（首、外、蔵、陸、海）会議決定事項として中国、アメリカ、ソ連重要三国に対する外交方針を在外使臣に示達した。そのうち対中国方針は華北方面の情勢を塘沽停戦協定締結以来漸次好転していると判断した。中央国民政府については好転の兆候は認められないので今後もその自覚反省を求めるが、中国側が現実に誠意をみせるならばわが方もそれに応じる好意的態度をとるという内容で、常識的かつまず穏健な政策ということができよう。

しかし現実に日本は国民政府に対してどのような政策をもって臨んだのであろうか。

この年中国において対外関係で顕著な業績を挙げ、内外とくに日本が注目かつ警戒したのは、五月に渡米した宋子文財政部長の活躍であった。宋は五月滞米中、本国で輸入税率の改定を実施させたが、これはいわゆる排日関税としてまず日本の反発を招いた。そして六月四日には米復興金融公司《コンス》と五〇〇〇万ドルの綿麦借款締結に成功し、国内の期待に応えた。さらに彼はイギリスに渡って借款の獲得に努力するとともに、日本を除外した列国による中国向け国際金融組織の実現に非常な努力を傾けた。一方国際連盟を通じての対中国技術援助の実現に成功し、そのパイプ役として連盟事務局衛生部長ライヒマンを中国に招聘した。ポーランド人ライヒマンは日本では「札付き」の反日家として嫌悪されていた人物である。

これら一連の宋子文の活動を妨害阻止することに非常な熱意をもったのが外務次官重光葵《まもる》である。重光は中国公使として活躍していたが、前年四月二十九日上海新公園で開催された天長節の祝賀会場で朝鮮人尹奉吉の投げた爆弾によって他の要人とともに遭難し、片脚を失った。その後静養に努め、この年（一九三三年）五月十六日外務次官として復職したのである。

重光は外国による中国援助は中国の伝統的な「夷《い》を以《もつ》て夷を制する」策に利用される虞《おそ》れがあるので「日本を通して行ふか又は少くとも日本協力の下に行はるべく断じて日本を除外すべきに非ず」と確信していた。重光からみれば今次の宋子文のイギリスでの策動は宋本人が否定したとしても「東洋に於ける日本の地位及実力を全然度外視する計画」であって「充分なる反証なき限り抗日の意図に出づるものと認むべき」ものであった。重光は松平恒雄駐英大使に宋の企図している財政諮問委員会の成立を阻止するよう指示した（七月十五日内田外相より松平駐英大使宛電報）。

この重光の方針に対して反発したのが中国駐在の有吉明公使であった。有吉は中国公使としては重光の後任であるが外交官としては先輩ですでに大使の経歴をもっており、かつ中国勤務も長かった。有吉に言わせれば宋は必ずしも英米支持一点張りの排日家ではなく、実際に即してある程度のステーツマンシップを発揮し得る人物で、帰国後も反日的態度に出るかは未知数であり、日本の新聞が宋を排日の巨頭のように宣伝するのは得策でないと判断した。有吉はさらに、宋が企画している財政諮問委員会が単に日本を除外しているとの理由でその成立を阻止するのは「考へ物」であると重光の再考を求めた（七月二十二日発）。

重光は就任以来有吉の上申を無視していた。有吉が、九月に内田に代って登場した広田外相に期待を寄せたのは容易に理解できる。

有吉は九月二十八日の広田外相宛の電報で「支那に対し其の大亜細亜主義を強行する意図を有

するが如き印象を与へざる様充分警戒を要す」とか「日本が恰《あたか》も外国の対支援助を排斥するが如き観を与ふることは之を避けざるべからず」と控えめな表現ながら重光を批判した。重光と有吉が相互に不信感をもっていたことは明らかだが主導権が次官の重光にあることはいうまでもない。

中国政策において重光の存在がいかに大きな影響力をもっていたかは、翌一九三四年四月九日広田外相の名で「重光次官の中国政策」が中国在勤の公使、総領事はもとより英米仏ソ駐在大使に一斉に伝えられたことでも理解できる。

重光はまず「満州国の独立」が日中両国双方の主張の中間的解決方法であることを強調した。満州を日本の領土としなかったことにより日中双方の面目が保たれ、満州に対する孫文以来の思想を根幹とする適切な解決ができたとする。そのうえで満州、上海事変後日本人の心理に非常な変化が生じたことに注意を喚起した。日本はこれらの事件で世界より受けた誤解を解くため連盟その他あらゆる方面と戦い、今日まで自己の正当と信ずる処は一歩も譲らなかったので世界もまた次第に日本の立場を諒解し之を承認するに至った、「其の結果日本は東亜に於て自己の正当と信ずる処は飽迄《あくまで》之を遂行し得べき地位にあることを知ると共に此の地位に伴ふ責任を自覚し且此の責任を果す自信を有するに至れり。日本は東亜の平和及秩序を維持する為には支那と責任を分つ以外には他に責任を分つ何者もなく又他の何者とも之に関し協議すべき必要なしとの確信に到達せる次第なり」。

ひとことでいえば、東亜の指導者としての自覚をもつにいたった日本はその使命である東亜の平和と秩序を維持するために中国以外の欧米諸国と責任を分かつ必要もなく協議する必要もないという、自信の表明であった。

続いて四月十三日、重光は有吉公使に第一〇九号電を発する。この要旨は次の通りである。

一、東亜における平和秩序の維持は自己の責任において単独にこれを遂行する。

二、中国の日本排斥運動はもちろん、以夷制夷的な他国利用策は終始一貫これを打破するに努める。

三、列強が中国に対して共同動作をとることがあればその形が財政的、技術的にいかなる名目にせよ必ず政治的意味を包含することとなるから、その結果直接中国の国際管理、または分割もしくは勢力範囲設定の端緒となることがないとしても中国の覚醒、保全のため不幸な結果を招く恐れがあるので、主義として反対である。

四、各国が経済貿易上の見地から格別に中国と交渉して行なう行動が事実上の援助となっても、東亜の平和または秩序の維持に反しない限り任意である。しかし東亜の平和、秩序を乱す性質のもの（例えば軍用飛行機の供給、飛行場の設置、軍事顧問の供給、政治借款など）には反対せざるを得ない。

五、現下中国に対する外国側の策動は共同動作はもちろん箇別のものといえど一応これを破壊する建前ですすむことが肝要である。

天羽英二《あもうえいじ》情報部長がこの有吉宛訓令を四月十七日の記者会見で「項目五」を除き発表したのが、有名な天羽声明である。中国はもとより列国もこの過激な見解の表明に次々と異議を表明し、広田外相は懸命に印象を薄めるよう努力した。

しかし半年後の十月二十日、外務省首脳を前にしての「対支政策に関する重光次官の口授」によれば重光の中国政策はいよいよエスカレートする。彼によれば天羽声明の影響で「最早大体に於て英、米等は支那に於て日本の意向を無視して政治的策動を為すことの不可能なるのみならず経済的方面に於ても日本と共力（ママ）するの利なるを覚り来れるは疑なし」、今後の措置としては各国の中国に樹立した政治的勢力とその機構を破壊することで具体的には一、海関制度の破壊、二、欧米各国武力の撤退（各国北支駐屯軍の撤退、各国支那艦隊の撤退もしくは減少）を重光は提案した。そして「以上の政策により外国の政治的勢力を駆逐すると共に支那に於ける各国の利益に対するsecurity は日本が事実上担任することとなる次第なるが各国は通商経済上の均等待遇を与ふれば満足すべく又満足すべきものなりと思考す」と結んだ。

翌一九三五年二月二十五日クライヴ駐日イギリス大使は広田外相に面会を求め、中国の財政は逼迫しており、破綻は必定とみられるので中国の主要関係国である日英米間で中国への経済援助に関して意見の交換を行ないたいと提案した。広田外相の対処が注目された。有吉公使はこの際列国共同借款の提供に反対することは中国側への悪影響が大きいので協定の性格によっては、その供与に原則的に賛成するのが妥当ではないかと、意見を上申した。しかし、重光のイギリスに対する警戒心は強かった。イギリスは、協調などの名によって、結局東亜における日本の特殊地位に拘束を加えようとする底意があると判断した重光は、三月十八日、イギリス提案の処理方針を有吉公使に訓令した。

一、単独でも、または共同であっても、借款を成立させないようにすること、二、列国会議等を誘致しないようにすること、三、借款不成立の責任を日本が負わないようにすること、以上三点を基本とし、日本としては、イギリス、アメリカと借款競争をすれば苦戦をまぬかれないから、借款問題はでき得れば、このままうやむやの間に立ち消えとなることが望ましいと指示したのである。まさに天羽声明の実践であった。

「梅津・何協定」の成立

広田・重光路線を塘沽停戦協定以後の日本の対中国政策の主潮とすれば、地域的には限定されるが華北で新たなしかも脅迫的な一連の工作を実施したのが陸軍であり関東軍であった。塘沽停戦協定を結んだ関東軍は停戦協定に関連するとして華北工作の主導権を掌握した。陸軍は関東軍の華北工作を承認し、外務省側もそれに異議を唱えなかったところに問題があった。

関東軍の華北工作をみる前に塘沽停戦協定によって長城以南に画定された中立地帯（中国は「戦区」と呼んだ）の実情を知っておきたい。

中立地帯には中国軍の進入、駐屯は一切許されず、中国保安隊が秩序の維持にあたることになり、しかもその保安隊は反日的でないものに限られたことは前に触れた。関東軍はその保安隊の一部に日本の傀儡《かいらい》であった現地の土匪《どひ》部隊を転用させた。例えば灤《らん》県方面を占拠していた傀儡李際春軍のうち四〇〇〇人を選んで今度は保安隊とし、そのまま駐屯を継続させたのである。これら姿を変えた傀儡保安隊の存在が中国側の戦区行政にとって大きな障害となることは容易に予想された。

河北省政府は一九三三年十月接収した戦区を東西二地域に分け、行政督察専員公署を唐山、通州に設置し陶尚銘と殷汝耕《いんじょこう》を各専員に任命した。

一九三四年一月十八日戦区内最大のイギリス権益である開灤《かいらん》炭鉱で五鉱区のうち最大の馬家溝（労働者一万人余）に罷業《ひぎょう》が発生した。理由は解雇労働者の復職運動で死傷者が出たことであった。罷業は二十五、六日に他の四鉱に波及し中国人労働者総計三万人に達する大きなものとなった。二月四日国民党部の斡旋で罷業は一旦解決したが三月唐山地区で再び罷業が起こった。これは国民党の支援する工会（労働組合）に対する新工会の挑戦が原因であった。新工会組織の中心となった趙大中は李際春軍出身で戦区第二保安総隊長趙雷（傀儡保安隊）と通じていた。新工会の運動は過激で、四月一日と三日に争議団は大挙して行政督察公署に押しかけ二十余名は拳銃をもって督察専員の陶を脅迫した。天津駐屯軍の暗黙の支持があったとみられる。しかしこの工作は結局失敗し、趙は保安隊から二〇〇〇元を支給されて唐山を退去した（四月十二日酒井天津軍参謀長より植田参謀次長宛電報）。

陶尚銘は九月若杉要《かなめ》参事官に傀儡保安隊の数が七〇〇〇人に達し、約六〇〇〇人の河北省保安隊ではその監視にも不足すると現状を次のように訴えた。

「戦区内の賭博場の警備、阿片、モルヒネ、コカイン等の薬物販売等も直接間接に之等馬賊上りの連中（傀儡保安隊、筆者註）と連絡ある日支人及朝鮮人等に依り行はれ居る実状なるを以て之が取締殆《ほとん》ど不可能にして（中略）日本軍憲の威光を笠に着て横暴を極むる日鮮人の行動言語道断なり」

黄郛も十二月七日、同じく若杉参事官に、傀儡保安隊の駐屯する玉田は「ほとんど死の町」と化したと語った。

さらに戦区を利用して大がかりな密輸が横行した。初期の密輸は満州国の長城に近い万家屯《ばんかとん》駅まで運んだ密輸物資を二〇〇〇人にのぼる苦力《クーリー》を使って長城の破壊個所などから密かに運び入れ、山海関や秦皇島《しんのうとう》駅で北寧鉄道に積み込んで南送、天津東駅から日本租界に運んで処理するという原始的な方法であった。しかし三五年九月、日本側が塘沽停戦協定の効力を海上にまで延長して中国海関監視艇の武装を解除したため、戦区の沿岸地帯には大連からの密輸船が雲集し、傍若無人の大規模な密輸が横行するにいたった。

このようにして中立地帯（戦区）とくに東部は無法地帯化し、内外から厳しい非難を浴びたのである。

一九三五年一月はじめ大連で開かれた情報関係者会議に関東軍は「（北支に）我が軍部の要求を忠実に実行せんとする誠意ある政権に非ざれば存立する能はざらしむ」との決意を披露し、三月三十日決定の「対支政策」では「北支那政権を絶対服従に導く」ことを確認した。

さて、五月から六月にかけて展開される華北強圧政策の主役は土肥原《どひはら》賢二少将（奉天特務機関長）、酒井隆大佐（支那駐屯軍参謀長）、高橋坦《たん》少佐（武官補佐官）の三人である。支那駐屯軍は天津軍とも通称され、兵力約二〇〇〇、義和団議定書で北京と海浜間の安全を保障するために列国軍とともに駐屯を承認された部隊である。土肥原は満州事変勃発直後の一九三一年十一月に天津で暴動を起こし、その混乱に乗じて旧皇帝溥儀を満州に連行するなど陰謀術策に長《た》けた軍人としてすでに著名であった。

五月二日深夜から三日朝にかけて天津日本租界で『国権報』『振報』という親日新聞の社長二人が別々に殺害される事件が突発した。高橋武官補佐官（以後武官とする）は十一日軍事委員会北平分会の委員長代理何応欽《かおうきん》を訪問、蔣介石の対日二重外交、張学良の河北省行政への関与を非難したうえ今回のテロ事件と藍衣社《らんいしゃ》（蔣介石直轄の秘密結社）との関係を示唆した。何応欽は軍政部長（在任一九三〇—四四）であり華北の軍事責任者でもあった。

関東軍は戦区から満州の治安を脅かす匪賊（孫永勤）が出没することにかねて憤慨していたが、五月戦区内に入り討伐戦を実施して解決した。しかし関東軍としてはこれら匪賊を庇護しているとみられる河北省政府の戦区行政に強い不満をもっていたのである。

酒井天津軍参謀長、高橋武官（関東軍を代表すると自称した）が打ち揃って何応欽を訪問し、親日派要人の租界内殺害事件に関する要求を提出したのは五月二十九日である。酒井が個人的意見として提出した条件は、一、蔣介石の対日二重政策の放棄、二、河北省主席于学忠《うがくちゅう》（張学良系）の更迭、三、憲兵第三団、市国民党部、軍分会政訓処、藍衣社などの撤退、四、中央軍第二師、第二十五師の移転などである。梅津美治郎《よしじろう》支那駐屯軍司令官は満州国に出張中であり、これら要求の大部分は酒井の独断であったと思われる。会談において酒井参謀長は何応欽に対しきわめて高圧的かつ傲慢な態度で接したのみならず、翌三十日、天津軍は河北省政府の門前に装甲車、大砲、機関銃などを配置して威嚇した。

酒井の要求に驚愕した国民政府は、東京の蔣作賓大使に命じて広田外相に斡旋を要請した。広田は六月一日、本件は停戦協定に関連する軍関係事項なので出先軍憲と交渉せらるべしと回答、外交ルートによる交渉を拒否した。

六月四日何応欽は酒井、高橋との第二回会談に臨み、于学忠河北省主席の転任その他を回答したが、酒井は満足せず、于の罷免を求めるなど厳しく追及した。六日東京で陸、海、外三省が作成した「北支問題処理要綱」には外務省担当事項として「全国にわたる排日行為の停止」が登場したのが注目されよう。

六月九日、酒井たちは中央の指示を加重した要求を提示し、十二日午前を回答期限とした。十日国民政府は、友邦に対して排斥また悪感を挑発するような言論、行動を行なわず、またその目的で団体を組織して国交を妨げてはならない、とする睦隣敦交令《ぼくりんとんこう》を発布した（『新生』不敬事件〔後述〕とも関連）。

何応欽は六月十日、高橋武官に日本側の要求を受諾すると口頭で回答した。いわゆる梅津・何応欽協定の成立であるが「協定」の形式と内容を備えたものではない。翌十一日高橋は中国側の承諾事項として九項目を列挙した覚書を何応欽に送り「協定」の内容を確認した。すなわち于学忠河北省主席、張廷諤《ちょうていがく》天津市長などの罷免、憲兵第三団の撤去、軍分会政治訓練処、北平軍事雑誌社の解散、藍衣社など日中国交に有害な秘密結社の取り締り、河北省内すべての国民党部の撤退、第五十一軍（于学忠軍）および第二師、第二十五師（中央軍）の河北省外への撤退、中国内一般に排外、排日の禁止などである。高橋はさらに次の三項目の「付帯事項」を添えて承認を迫ったのである。
一、中日関係を害する人物や機関の（河北省）進出禁止。
二、省、市の職員任命にあたって中日関係を悪化させるような人物の選任禁止。
三、約束事項の実施につき日本側は監視、糾弾の措置をとり得る。
何応欽は署名を強要されることを警戒し、十三日早暁少数の随員を従えて北平を脱出南下し南京に向かった。以後酒井は執拗に南京の何応欽に文書による受諾の確認を再三にわたって要求した。ついに七月六日付で何応欽は梅津天津軍司令官に宛てた「六月九日酒井参謀長提出の各事項はすべて承諾し、自主的にその遂行を期する」という一行の書簡を北平の高橋に送った。高橋の原案にあった「付帯事項」にはまったく触れられていなかった。

しかしその後、日本軍が北平や天津などで実施した反日中国人の直接逮捕、拘留などをみると何応欽の承諾には「付帯事項」が含まれているとの解釈をとったと推察されるのである。いずれにせよ河北省に駐屯していた中国軍ならびに国民党部などは省外に退去を強要され政治、軍事全般にわたって日本の発言、干渉が強化されたことは明らかであった。

同じころ六月五日、察哈爾《チャハル》省の張北で護照（保護証明書）をもたず城門を通過しようとした日本特務機関の一行四名（平服）が第二十九軍の歩哨によって拘留される事件が突発した。第二十九軍は同省主席宋哲元の部隊で長城戦のとき日本軍と戦って勇名を馳せたことは先述した。拘留は一日であったが、関東軍は北平に滞在していた土肥原奉天特務機関長にこの機会に宋哲元軍を黄河以南に撤退させるよう指示した。土肥原は六月二十三日夜、高橋武官などとともに第二十九軍副軍長秦徳純《しんとくじゅん》を北平の居宅に訪問し本事件に関する要求を提出した。要求は塘沽停戦協定の昌平、延慶を結ぶ線の東側および独石口《どくせきこう》、張家口、張北を結ぶ線以北の軍隊の撤退、排日機関の解散などのほか日満の対蒙古工作の承認、日本人軍事、政治顧問の招聘、飛行場などの建設援助など広汎なものであった。

二十七日秦は北平陸軍武官室（大使館内）を訪れ土肥原、高橋と会見、要求受諾を内容とする土肥原宛書簡二通を手交した。張北事件について遺憾の意を表明し、対日国交に悪影響を及ぼす機関の撤廃、日本の正当な行為の尊重を約束し、また軍隊を日本要求の線から撤退し事後の治安は保安隊が維持することを表明した。いわば塘沽停戦協定の戦区（中立地帯）が察哈爾省東部地帯へ拡大されたとみてよいであろう。いわゆる土肥原・秦徳純協定である。

ただ注目されるのは国民政府が宋哲元の第二十九軍に、于学忠軍と中央軍の撤退により空白となった北平周辺への移駐を命じたことである。七月蔣介石は廬山《ろざん》に秦徳純を呼び宋哲元以下に青天白日勲章を贈り、宋にとくに平津《へいしん》地域（北平と天津）の治安維持を託した。八月二十八日国民政府は宋哲元を平津衛戍《えいじゅ》司令に任命し一方で駐平政務整理委員会を撤廃した（九月一日付）。国民政府

宋哲元軍の河北入りは日本側（支那駐屯軍ならびに日本陸軍中央）の意向でもあった。

も日本側も思惑はもちろん異なるが、宋哲元の今後に期待をかけたのである。

広田三原則

一九三三年五月、塘沽停戦協定の成立により長城を越えての日本軍の侵攻に一応終止符を打った蔣介石は十月、万端の準備を整えて江西省の共産軍に対する第五次包囲討伐戦（囲剿《いそう》）を開始した。すでに四回挫折しているので失敗は許されなかった。蔣介石自ら南昌行営で直系軍を主力とする八〇万にのぼる兵力を指揮した。これに対する共産軍はきわめて貧弱な装備で兵力も約一五万に過ぎなかった。政府軍はトーチカを構築しながら封鎖線を縮めた。

一九三四年四月末に要衝広昌が陥落し共産軍にとって戦局はいよいよ不利となり、八月にはその支配区は瑞金《ずいきん》を中心にわずか六県ほどまでに縮小した。十月、共産軍約八万五〇〇〇は政府軍の包囲網を突破して脱出し、政府軍は十一月十日瑞金を占領した。脱出した共産軍は広西省に入ったが十一月末湘《しょう》江渡河の際追撃する政府軍、待ちうける広西軍のため大きな損害を蒙った。根拠地を出発して二ヵ月後、貴州省に入った共産軍は脱落逃亡もあって約三万五〇〇〇にまで減少した。翌一九三五年一月はじめ共産軍は烏《う》江渡河に成功し貴州省中部の要衝遵義《じゅんぎ》を占領した。遵義で開かれた中央政治局会議で毛沢東が党、軍の主導権をほぼ手中にしたといわれる。

蔣介石は目的とした包囲殲滅《せんめつ》には失敗したが、江西省中央根拠地を覆滅して共産軍を貴州、雲南の僻地に追い込み、大きな戦果を挙げたのである。

一九三五年一月、南京で発行された外交部の機関誌『外交評論』に徐道隣の名前で「敵乎？友乎？」（「敵か友か」）という評論が掲載され、続いて『大公報』が転載した。この論文は蔣介石が陳布雷に口述したもので、このなかで蔣はきわめて率直にその対日観を披瀝した。

蔣は、日本人は我々を敵とすることはできず、一方、中国人も日本人と手を携えなければならないと前提したうえで現状打開の道を探った。現在日中間の関係が困難になっている責任は日中双方にあるが日本は少なくとも六分の責めを負わなければならない、したがって難局を主導して打開する責任もまた日本にある、と蔣は指摘した。

日本が中国にもっているさまざまな誤謬や錯誤に論及したのち蔣介石が日本の採るべき道として勧告したのは、

一、独立した中国の存在が「東亜人の東亜」の前提であること。
二、時代の変遷を自覚し武力を棄て文化を重んじ領土侵略ではなく経済提携を図ること。
三、日本が言う「中国統一の保全」のため東四省（満州）を中国に返還すること。

の三点であった。

蔣は知日派であると日本側が評価している汪兆銘《おうちょうめい》行政院長を表面にたてて対日関係打開の道を探った。一月二十二日広田外相が議会で日中関係改善の希望を述べたことに注目した蔣介石は二十九日、鈴木美通武官（中将）、三十日有吉公使と続けて会談した。有吉との会談には黄郛（駐平政務整理委員会委員長）も同席した。蔣は広田の議会演説に感銘したと述べ、最近中国国内情勢が変化し、日本との関係改善に対する国民の反対を抑制する自信を持ち得るようになったと「極めて真摯熱心」（有吉報告）に語った。王寵恵《おうちょうけい》国際司法裁判所判事は蔣・汪の指示でハーグへ帰任の途次日本に立ち寄り、岡田首相、広田外相と会見した。広田外相との会談は二月二十日、二十六日の二回行なわれた。王が日中国交について平和的処理、平等、友情（排日、地方政権援助の停止）を申し入れたのに対して広田は基本的に諒承し、きわめて友好的な反応を示した。王が示唆した大使館への昇格や広田の訪中にも肯定的に回答した。広田の反応は国民政府首脳に日中国交改善の希望を深めさせたと推察される。汪行政院長は五月、米英にさきがけて日中間の大使交換がきまったのを非常な喜びで迎えたのであった。

しかし五月から六月にかけて華北の事態が関東軍、天津軍の強圧により異常に緊迫し、河北省、察哈爾省で中国中央軍の移動が強要されたことは先述した。

この五月には雑誌『新生週刊』が掲載した「間話皇帝」という一文が天皇を侮蔑するものとして日本側の強い抗議を受け、編集責任者杜重遠《とじゅうえん》が七月九日に徒刑一年二カ月の実刑に処せられる事件が起こった。『新生週刊』はかねて政府の対日投降政策を強く批判し民衆の広い支持を得ていたので、日本の圧迫は大きな反響を呼んだ。

さらに八月一日の日付で中国ソヴィエト政府、中国共産党がパリの『救国報』紙上に発表した「抗日救国のため全同胞に告げる」いわゆる八・一宣言は広汎な影響を中国各地の知識人や学生に与えた。モスクワで開催されたコミンテルン第七回大会で採択をみた人民戦線結成の方針に従って中国代表団の起草したものだが、「我が北方各省が東北四省に続いて滅亡に瀕し、中国領土は一省一省と敵に侵され人民は千万、千万と奴隷と化す」と現状を慷慨《こうがい》したのち中華民族の危急を救うため内戦を即時停止し一切を抗日救国に結集しようとの呼びかけは、華北の事態を注目していた多くの中国人の共感を得たのである。

九月下旬、南下する張国燾《ちょうこくとう》軍と分れた毛沢東軍は甘粛省に入るが、蔣介石にとって僻地を追撃されながら北上する共産軍は戦力としての脅威ではなくなっていた。しかし共産党の八・一宣言に呼応して、上海、北平など大都市で抗日救国を主張する知識人、学生などの運動は幅広い支持を獲得、その全国的な影響力は警戒せざるを得なかった。

毛沢東軍が華北陝西《せんせい》省北部の新根拠地に入り二万五〇〇〇里といわれる長征を終えたのは十月十九日である。

岡田啓介内閣は一九三五年十月四日、広田外相、川島義之陸相、大角岑生《おおすみみねお》海相諒解事項（岡田総理、高橋是清《これきよ》蔵相諒承）として対中国政策三ヵ条を決定した。

一、中国をして排日言動の徹底的取り締り、欧米依存体質より脱却、対日親善政策の採用を実

一、前　史

行させること。

二、中国をして満州国独立の事実上黙認、北支と満州国間の経済的、文化的融通、提携を行なわせること。

三、外蒙接壌方面の赤禍勢力排除のため日本と協力すること。

の三ヵ条であるが、付属文書では三項目の実現にあたって意図的な中国の統一化あるいは分離化を計らないと規定した。

広田は十月七日、三原則の主旨を蔣作賓駐日大使に申し入れた。蔣大使は二十一日広田外相を訪問、国民政府の回答を伝えたが、広田はその漠然とした内容に強い不満を隠さなかった。蔣大使は三十一日に東京を発ち、帰国した。

広田三原則交渉は陸軍の強行する華北自治工作に巻き込まれてゆくのである。

華北自治工作の挫折

一九三五年八月一日付で支那駐屯軍司令官に任命された多田駿《はやお》少将は十九日、天津に着任し梅津と交代した。多田司令官は九月二十四日にいわゆる多田声明を発表して内外の注目を浴びた。「北支の所謂《いわゆる》明朗化は北支民衆の力に依り徐々に達成さるべきであるが、これを阻害する国民党及び蔣政権の北支よりの除外には威力の行使も亦已むを得ないであろう」と蔣政権への武力行使の可能性を示唆したのである。多田は軍の方針として北支より反満抗日分子の一掃、北支経済圏の独立、北支五省の軍事的協力による赤化防止の三点を挙げた。

このとき配布された「対支基礎的観念」という駐屯軍パンフレットには国民党、国民政府への徹底した不信感があった。「国民党閥たる蔣介石と浙江財閥の合一せる新軍閥」によって中国民衆は苛斂誅求《かれんちゅうきゅう》に呻吟しているという前提から「彼等（新軍閥）は日本なくして自ら存在し得ざる理を悟らず徒《いたずら》に民衆を食物となし、只管《ひたすら》私腹を肥やさんとするのみ」なので消滅させなければならないという単純な論理が展開された。ただこのパンフレットには注意すべき叙述が二点あった。一つは一部在留日本人の行動を「所謂ヒッタクリ主義的利権獲得運動の如き、或は麻酔薬の製造、密売の如き、或は公然と行ふ密輸入者乃至《ないし》鉄道の不正乗車の如き、実に帝国の名誉に一大汚点を印するものなり。就中《なかんずく》帝国威力を背景として白昼公然と支那官憲を無視して悪事を敢行するが如きは、実に言語道断と云はざるべからず」と厳しく非難している点である。他はいわゆる親日派に対し、「今日の親日家と称する連中の多くは其の実力に於ても、財力に於ても概して所謂欧米派に数等劣りたる落伍者にして目下の状勢に於て蔣介石に利用さるる」に過ぎないと醒めた見方をしている点である。

しかし多田といい酒井といい、駐屯軍司令部の首脳がいわば任地である中国の最高領袖を公然と誹謗して顧みないのは異常な状況であった。

関東軍、天津軍は山西省の閻錫山《えんしゃくざん》、山東の韓復榘《かんぷくく》、河北の宋哲元、商震など華北の実力者に着目し「自治」の名における南京国民政府からの分離を計画していた。しかし実力者は誰も曖昧な対応しか示さず焦慮していた。

このような状況のなかで国民政府が十一月三日、突如幣制改革の実施を発表し、内外に大きな衝撃を与えた。中央政府による幣制の統一を強化し全国的な市場の安定と育成を図ろうとする改革は関東軍の華北分離構想に正面から対立するものといえた。しかもイギリスの財政的支援が背後にあることも憂慮を深める原因となった。

幣制改革を推進したイギリスの大蔵省顧問リース・ロスは中国に赴く途中、東京で九月十日広田外相と会見し、中国を財政上の破綻から救済して貿易の改善など安定を図るためには強力な中央銀行による管理通貨の発行が不可欠であるとして、日本の協力を要請した。また中国内外債の償還は満州国も分担し、そのかわり中国は満州国を承認するという試案をも提示した。三月段階でイギリスの対中国共同借款提議を拒否した日本であるが、再び大きな選択を迫られたのである。十七日重光次官から拒否回答を受けたリース・ロスは、失望裏に二十一日上海に到着した。

幣制改革の実施に驚愕した南次郎駐満大使（関東軍司令官）は十一月十三日、広田外相に幣制改革は全中国を挙げてイギリスの金融的支配下に置くもので、放置すれば「帝国の国是たる日本を盟主とする東洋平和確立の基礎を根底より破壊せらるべき危険」があるとの認識を示し、対抗手段として「北支工作を此の機会に一挙に断行する」ことを強く上申したのである。すでに十月中旬から自治工作は日本浪人が戦区香河《こうが》県で無頼中国人を使嗾《しそう》して県城を占拠し鎮圧されるなど露骨になっていた。

十月二十九日川越茂天津総領事は平津衛戍司令宋哲元、河北省主席商震、北平市長袁良、天津市長程克に同文通牒を送付し、日中国交を妨害する団体を迅速かつ徹底して取り締るよう要求した。

符節を合わせるように同日正午中井天津軍参謀、高橋武官が商震河北省主席や宋哲元を歴訪し灤州《らんしゅう》事件（八月四日戦区灤州駅に下車した唐山守備隊長温井親光少佐が駅頭で狙撃され、同行していた第三保安総隊長劉佐周が殺害されたテロ事件。天津軍は温井少佐と衝突して七月二十七日罷免となった陶尚銘督察専員が背後にあるとして陶を五日大使館内に呼び出し十七日まで拘留し物議を醸した）についての要求を提出する一方、袁北平市長の罷免、軍分会および付属機関の撤廃、反日（満）策動の諸機関を厳重に取り締り、かつ中央軍を絶対に北上させないことの三項を南京に伝えるよう通告した。

国民政府は十一月三日天津軍から罷免要求のあった袁北平市長の辞職を承認し、秦徳純（察哈爾省主席代理）を後任とした。天津軍は宋哲元に藍衣社などを即刻逮捕しないならば日本側が自ら逮捕する、軍分会の撤廃も実力を行使してでも実現させると通告した。天津軍は十月下旬から反日的とみられる中国人を直接逮捕拘留するにいたった（李雲漢は十月二十日から十一月二十日までの一ヵ月間にすくなくとも一七人が日本軍憲兵などによって逮捕されたと実名を列挙している（『宋哲元与七七抗戦』）。十一月九日、外交部は有吉大使に中国領土で中国官民を逮捕するのはわが国の主権を侵し国際法に違反すると抗議し、まだ拘留されている二人を直ちに釈放するよう要求した。北平では十一月二十九日に日本憲兵隊が北京大学学長蔣夢麟《しょうむりん》の出頭を求め、抗日的言論に警告するなどの事件も起こった。

十一月六日土肥原奉天特務機関長は奉天から天津に到着した。十一日土肥原は北平に赴き宋哲元に「華北高度自治方案」一〇項目を提示した。その内容は、一、新政権　名称は華北共同防赤委員会、二、領域は華北五省三市、三、首領宋哲元、総顧問土肥原、四、最高委員会が軍事を担当、五、財政　中央は各省市の関税、塩税、統税の一部を収容、六、経済　華北の鉱業、綿業を開発し日満と一単位として結合、七、金融　法幣制度から離脱、五省の通用貨幣　別に定め日本円と連繫、八、信仰　三民主義、共産主義はともに撲滅し東洋主義に帰る、九、政治　南京の宗主権を保留、一〇、外交政策　親日反共、など多岐にわたっていた。宋はこの自らの総顧問招聘を含めた土肥原の要求を直ちに南京に報告した。

十一日、南関東軍司令官は約一個旅団の兵を山海関、古北口《こほくこう》方面に集中し宋哲元など華北実力者を威嚇する措置をとった。

広田外相は十一月十八日、上海の有吉大使に至急南京に赴き国民政府に対し華北の現状にミートするような措置をとり、山東、河北への中央軍の集中を中止しなければ由々しき事態を招くと警告するよう指示した。二十日南京で蔣介石・有吉会談が行なわれた。有吉の警告に対して蔣は、行政の統一に支障をもたらすとみられる自治制度は承認できないと語り、華北には一人として自治または独立などを希望するものはいないと、自信のほどを示した。同席した張群（湖北省主席、十二月外交部長となる）は、「日本が土肥原少将を召還し多田司令官の済南行を阻止すればたちどころに自治運動は熄《や》むべし」と述べ、昨日華北から帰った者の報告では、土肥原が華北当局に華北共同防赤委員会章程を示し自ら最高顧問に就任すると語った、との情報を告げた。

蔣介石は自治運動の実態を把握していたがそれでも軍事委員会北平分会の廃止、日本側と充分責任をもって応酬し得る大官の華北派遣などの対策を示した。

有吉が広田外相の国交改善三原則に触れると、蔣介石は三原則には同意であるが華北で問題が起これば交渉はできないと答えた。有吉は華北の事態収拾が三原則実行の条件なのかと問いなおすと、蔣は条件という意味ではないが華北に事態が起これば第二項（満州国の黙認、交流の実施）、第三項（外蒙方面の共同防共）はおのずから実行できなくなると答えた。

有吉大使は会談後の二十二日、「国策の全般より考へ北支自治運動に関しては之が進行に付適当の手加減を加ふること必要なるべく総《あら》ゆる無理を冒して迄此の際急速に之を強行せんとするが如きは厳に之を避くべき儀」と自治運動推進に疑義を表明した。有吉は翌二十三日にも、重ねて自治運動強行のもたらす危険性を強調する電報を本省に送った。しかし本省は、蔣介石が三原則承諾と自治運動の取り消しを交換条件としているが、自治運動は中国の内政問題であり、この際運動を推進することが三原則交渉に有利との判断を示した。

華北自治が一向に進展しないことに焦慮した土肥原は二十五日戦区督察専員の殷汝耕を使嗾して戦区二二県を中核に冀東《きとう》防共自治委員会を設立（通州）、中央からの分離を宣言させ、事態は一段と緊迫した。

行政院は二十六日、北平軍分会の撤廃、何応欽の駐平弁事長官、宋哲元の冀察綏靖《きさっすいせい》主任を任命するとともに殷汝耕の免職逮捕を発表した。

蔣介石は三十日、五院院長会議を開き、一、情勢が許せば何応欽をして駐平弁事長官の職務を遂行させるが、困難であれば西南政務委員会のような冀察政務委員会を設立する、二、冀察政務委員会は華北の特殊な状況に適合させるが、委員は中央が任命し、宋哲元を委員長とする、三、冀察の一切の内政、外交、軍事は必ず正常な状態を維持し、中央法令の範囲内を逸脱しない、四、絶対に自治の名義、独立の形態を回避する、の四方針を決定した。

唐有壬《とうゆうじん》外交次長は三十日須磨南京総領事を訪問、何応欽の華北派遣を告げ、まず河北省の実質的な自治化を図り西南の政治分会のような機関を作ると次の六ヵ条を申し出た。

一、北支における赤禍防衛の日中共同。
二、新幣制の北支に不適当な点の修正。
三、関内外における人民間の経済関係の円満化。
四、北支財政に対する相当な支配権の付与。
五、対外諸懸案の合理的な現地解決。
六、人物本位の人材登用。

思いきった譲歩妥協案ということができよう。有吉大使はこの申し出を高く評価し、両国関係改善実現の前途は有望と判断した。そしてもしこの案を日本側が忌避するならば、中国内知日派の勢力は失墜し今後日中関係の収拾に乗り出すものはなくなると憂慮した。有吉はしばらく自治運動を停止するよう具申した。

しかし日本側はこの構想が中央派遣の大官によって実施されることに強い不満をもち、実施の権限を華北の実力者（例えば宋哲元）に委譲すべきだとの考えから、何応欽が北上しても接触を忌避する方針を固めた。

何応欽は十二月三日北平に到着したが、華北の日本陸軍・外務関係者はいずれも何との面会に応じなかった。何応欽は居仁堂に宋哲元、秦徳純、蕭振瀛《しょうしんえい》、陳儀、熊式輝《ゆうしきき》などを集めて協議したが、結局宋哲元の起用以外道はないとの結論に達した。問題は宋にどの程度の権限を付与するか

一、前　史

にあった。土肥原は宋に華北人による自治の原則を没却しないよう警告し、大使館の武藤書記官には南京提案の六項目がすべてではないと語った。

十二月九日北平では北京大学、東北大学などの二〇〇〇人を超える学生たちが華北自治運動反対、日本の華北侵略反対を叫んで集会し、何応欽に面会を求めたが拒否された。帰途学生は街頭デモを展開したが、軍警に弾圧され、負傷者を出すにいたった。

十一日南京国民政府は宋哲元（委員長）以下一七名（第二十九軍関係六人、旧東北系四人その他親日派は七人）を冀察政務委員会委員に任命、翌日宋を河北省主席に任命した。何応欽は同日夜北平を離れ、南京に向かった。一万を超える学生は十六日、北平市内で冀察政権反対の激しい示威運動を繰り返したが、出動した宋哲元軍に阻止され、多数の重軽傷者、逮捕者が出た。南京でも逮捕学生の釈放を訴える五〇〇〇人の学生デモが十八日に挙行された。

冀察政務委員会は十八日正式に発足し、河北、察哈爾二省と北平、天津二市を管轄することになった。しかし関東軍など現地が主張し中央の陸軍、外務省も支援した「自治運動」の名による華北の中央国民政府からの分離は、冀東防共自治政府を除いて失敗に終った。冀察政務委員会は中央統率下の特殊地方機構に過ぎなかった。ただ中央派遣の黄郛を首班とした駐平政務整理委員会と異なり、現地軍政の実力者宋哲元を起用したのが特色であった。

失敗に終った華北重圧工作の現地における三人の立役者、酒井支那駐屯軍参謀長、高橋武官補佐官は十二月に、土肥原奉天特務機関長はやや遅れて翌年三月にそれぞれ内地に帰った。

一方中国中央政府も十二月十日汪兆銘(十一月一日テロのため重傷)に代って蔣介石が行政院長に就任し、外交部長張群という新体制で一九三六年を迎えることになった。暮れも迫った二十五日には、汪外交部長のもとで次長として対日外交に活躍した唐有壬も上海で暗殺された。

有吉、重光の退陣

一連の関東軍を中心とする華北自治運動の推進を、重光次官がどう見ていたかに触れておきたい。一九三五年十一月二十五日にアメリカ、二十七日にイギリス各代理大使がそれぞれ重光に会見を求め、華北に展開されている事態と九カ国条約(一九二二年ワシントン会議で成立した条約で列国が中国の独立と領土の尊重を約束した)との関連について説明を求めた。

重光はアメリカ代理大使に、新聞が日本の軍人その他が華北の自治を画策していると伝えているが「中国側が満州国を敵視し北方における日本人の感情を無視して反感をそそる以上右の如き事態は或程度迄は当然に起るものなり」と、中国側の満州国敵視が華北における事態の原因であると述べた。イギリス代理大使にも、中国が満州国を消滅させようとあらゆる手段を講じる以上、一部の日本人が無責任な行動をしてもそれは自然の勢いであって、「如何なる政府に於ても或程度まで如何《いかん》ともすべからず」と答えた。そして論鋒を一転させ、イギリス代理大使に華北問題を刺激したのはリース・ロスの行動であるとの見解を示した。重光は、リース・ロスの助言した幣制改革の最重要点は中央政府が中国各地より銀貨を集中しようとしたところにあるが、華北人は南京政府がこれによって華北の経済財政組織を破壊しようとしていると認識したとし、「一体リース・ロス氏は英国政府部内の有力者にて斯《か》かる人が支那に来り内政問題に混入し財政問題を批評し意見を発表するは最も敏感なる日本人にとり迷惑至極なり。右リ氏の行動の為北支問題は刺激せられたりと云ふも過言に非ず」と激しく非難したのである。イギリス代理大使（ウィギン）がリース・ロスの使命は単に経済上のことであると述べると、重光は直ちに「支那に於て経済上の事は政治上の事なり、リ氏が現に為し居る言動は純政治的なること一点の疑を容れず」と反駁し、「自治運動は本質的に中国人自身の運動であつて日本はそれを見守つてゐるのである」と述べて会談を終えた。

十二月九日、十六日と北平では自治運動に対する学生の激しい抗議運動が展開し、二十五日には唐有壬前外交次長が殺害されたことは前述した。

重光は二十七日、私邸で丁紹伋中国代理大使と会談した。この会談で丁代理大使は中国の学生運動は華北問題から発生したもので、もとを正さなければ鎮定できないとし、華北における日本軍人の越軌行動を押さえるよう繰り返し要求した。丁はまた、中国の不平等条約改廃の希望も両国関係調整の一つと発言した。丁の提案に重光次官は次のように答えた。

一、学生運動は一種の政治運動で、中国側が鎮定できず、かつわが権益を侵害する程度にまで発展する時は「日本自ら鎮圧の手段を講ずることあるべし」。

二、日本軍人の越軌行動については、北支で日本は「特殊の権益を有するを以て権益の援護は止むを得ざる手段なり」。

三、親善交渉の際にまず利権の回収を提案するのは前後矛盾であって、「利権回収を先決するは満州事変前の空気を誘致するものにして危険此上なし」。

重光が学生運動の鎮圧に日本自らあたる可能性を示唆したのは注目される。

このような重光の発想からすれば、冀察政務委員会発足後も「或る程度迄南京側の立場をも認め例へば何応欽を委員長とし六項目の権限を行使せしむる様指導すること適当と存ずるも右不可能の場合は差当り既に存立せる冀察委員会をして民心を繋ぐに充分なる様陣容を整へしむることに努め（中略）南京側の反対を押して急速度に広大なる権限を行使せしむるが如きは之を避け」（十二月二十八日付）などと上申を繰り返す有吉大使の如きは因循姑息《いんじゅんこそく》の代表のように認識されたであろう。

むしろ重光は十二月の須磨弥吉郎南京総領事の具申に同感であったと思われる。「蔣介石新政府と之に対する帝国の政策考察要綱　昭和十年十二月記」と表題のついたタイプ印刷一〇枚程度の意見書である。表紙には次官（重光）、局長（桑島）の「スミ」のサインがあり「昭和十一年一月六日須磨総領事より接受」とある。

須磨によれば蔣介石新政府（蔣の行政院長就任は十二月十日）に対する方策は二つであった。一つは「日本が折れて北支事態を此上激化せしめず支那全般の難題たる財政問題に就き援助合作せんとする」もので、他は「飽く迄強姦政策により北に南に一押しせんとすること」の二策である。そして結論は「支那に対しては一歩の退却は全局面の譲歩なる特殊事情よりするも何人も後者の対策即ち今一押しを試み出来得れば国民党の勢力を根本的に排除するよりの他無かるべし。換言すれば場合によりては全面的排日排貨を喰ふとも支那をして自ら日本に泣付くの程度に押詰むるの要あるべし」、強硬手段を用いても国民党の勢力を根本的に排除するというのである。現地軍の構想に匹敵する所論である。

翌一九三六年一月十日、有吉大使に帰朝命令が出た。蔣介石は三十日に有吉大使を中山陵園の孔祥熙《こうしょうき》別邸に招き、三年余の労をねぎらった。有吉は二月八日上海を出帆帰国した（翌一九三七年六月二十五日死去）。重光次官の交代は二・二六事件後有田八郎外相（広田内閣）の就任をまってからである。

国民政府との国交調整

汪兆銘は二月十九日、療養のためドイツに向けて旅立った。

一九三五年十二月十日、蔣介石が行政院長に就任し、外交部長に張群が任命されたことにより、対日外交は新しい展開をみることになった。蔣介石が最も信頼する腹心張群を外交部長に登用したのは自らの責任において対日外交を展開する決意の現れである。

自治運動を推進して失敗した土肥原奉天特務機関長は、依然として華北で冀察政務委員会への影響力を維持しようと暗躍したが、天津駐屯軍は土肥原の活動にきわめて批判的であった。永見俊徳参謀長（十二月酒井と交代）は一九三六年一月四日露骨に土肥原の華北での活動を忌避する上申を古荘《ふるしょう》幹郎次官に送った。多田司令官の意向と思われる。天津軍としては独自の北平特務機関を設置して冀察政権を指導するつもりであった。陸軍中央も同意で一月十一日付で多田に、北支処理は支那駐屯軍の任務で「当分の間冀察政務委員会指導の為一機関を北平に置き支那駐屯軍司令官の区処（自治機構の指導並に顧問の統制等）を受けしむ」と指示した。松室孝良少将が初代の北平特務機関長として三月着任する。土肥原は三月、第二師団長に任命されて帰国し、現地工作から身を引くことになった。

日本側も有吉大使が帰国し、有田八郎（ベルギー大使）と代ったが、有田が上海に着いた二月二十六日、東京では陸軍青年将校によるクーデターが勃発、高橋蔵相、斎藤実《まこと》内大臣、渡辺錠太郎《じょうたろう》教育総監が殺害された。

二・二六事件により岡田内閣は退陣して、三月九日広田内閣と代る。

一、前　史

有田新大使は南京で張外交部長と三月十六日から十九日まで四回の非公式会談を行なっただけで、広田内閣の外相就任のため帰国することになった。途中二十七日新京（長春）着、二十八、九日、関東軍首脳部と会談した。長春には南前司令官、植田謙吉新司令官の二人がいた。参謀長の板垣征四郎も二十三日に副長から昇任したばかりであった。

二十八日午後、板垣参謀長は有田との会談に際し、「関東軍の任務に基く対外諸問題に関する軍の意見」を朗読説明した。

板垣はソ連が名実とも世界の大陸軍国に成長し、極東においても「二十数万の大兵と飛行機戦車各千に近き数」を保有していることを認めたうえ、コミンテルンの対外戦略更新に即応して中国共産軍のスローガンが「赤化救国」から「抗日救国」に代ったことを指摘した。広田三原則の如きはたとえ確立しても単に紙上の空文に過ぎず、具体的にはなんらの成果も挙げ得ないとの判断を板垣は示した。板垣の見解で重要なのは国民政府は絶対に日本と親善関係に入ることはできないとの認識のもとで、「支那大陸を人文及地文上の見地に基き相分立せしめ其分立せる個々の地域と帝国と直接相結び」との中国分立、分治論をこの時点においても主張していることだった。

有田は板垣の所見開陳に対し、対ソ認識はまったく同感だが中国政策については意見があると述べた。翌二十九日には田中隆吉参謀が「対支政策の根本観念の是正に関する意見」を発表した。田中は外務省側が南京国民政府を中心として折衝すること、南京を転向させ得ると考えていることとを非難し、南京とは華中の問題以外を交渉すべからず、華北問題を交渉すれば南京側の華北要人切り崩しに利用されるだけだと主張した。これに対し有田は、華北政策について直接冀察政権に対する工作を進めるか、あるいはまず南京中央政府をして冀察政権の自主性を認めさせたのち対冀察工作を進めるかの二つのやり方があるが、まず第二策を行ないたいと発言した。つまりまず中央政府との交渉を優先させるという方策である。有田が中国政策について関東軍と見解を異にすることを明確にしたのは注目される（三月二十九日、有田大使と関東軍側との会談）。

四月二日、有田は広田内閣の外相に就任し重光次官を駐ソ大使とし、後任に堀内謙介を起用した。有田の後任の中国大使には、五月、川越茂天津総領事が任命される。

華北の新機構、すなわち宋哲元を委員長とする冀察政務委員会に対する期待は日中ともに大きくなかった。中国側は何応欽に予定した権限を宋には与えなかった。日本側は何応欽を拒否したことを失敗（四月十一日陸軍省軍事課影佐禎昭中佐は外務側との会談で、宋哲元の担ぎ出しは根本的失敗で、中央政府と今一度話し合って何応欽を北上させ、北支の収拾を図るより外なしと発言）と認識した。冀察政権への失望から急激に浮上してきたのがいわゆる「北支五省特政会」という構想であった。「特政会」は「特別政治会議」の略であり、五省は河北、察哈爾両省に山東、山西、綏遠の三省を加えたものである。提唱者とみられる須磨南京総領事によれば「形式も中央の任命する特政会指導長官が処理し又国民政府には謂はば隷属する形なるも実質に於ては特政会は北支五省の特殊事態に適するやう特殊行政を実現する便宜上の一機関」であって「漸次独立的機構たらしむるを得べき仕組」であった。その指導長官に須磨が予定したのが閻錫山であった。須磨は五月二十九日に東京に着き、外、陸、海の首脳はじめ、六月四日には広田首相にも構想を披露し、各方面の強い支持と賛同を得たという（須磨「五省特政会由来記」七月十六日稿）。しかし内容は、実質的な権限をもたされない宋哲元に代えて華北五省の責任者として南京政府指名の大官を戴くというに過ぎなかった。新味といえば南京中央政府の存在を再認識したことであろう。張外交部長も有田外相就任後の日本の中国政策に若干の変化を認めた。日本が交渉の対象を地方ではなく南京中央政府に移し、中央との外交交渉による解決を試みようとしたことである。有田外相に中央国民政府との交渉を重視する姿勢があったのは事実であるが、問題はその内容であった。

蔣介石は七月十三日、国民党五届（第五期）二中全会で「禦侮《ぎょぶ》の限度」とし「如何なる国といへども我が領土主権を侵擾《しんじょう》するものは絶対に容認しない、そのときこそ我々は最後の犠牲を惜しまない」と決意を表明した。この蔣の決意表明を広田内閣がほとんど理解していなかったことは、内閣が八月十一日、外務、大蔵、陸軍、海軍四省間で決定した「対支実行策」「第二次北支処理要綱」をみれば判明する。

「対支実行策」では

一、日支防共軍事協定の締結

二、日支軍事同盟の締結
三、日支懸案の解決促進（イ、最高軍事顧問の傭聘　ロ、軍事顧問の傭聘　ハ、日支航空連絡の開始　ニ、日支互恵関税協定の締結）
四、日支経済提携の促進

を対中国政策として挙げていた。一方「第二次北支処理要綱」では満州国の延長を図るような誤解を受ける行動は厳に慎むとしながらも、冀察政権に実施させる経済施策を規定していた。

広田内閣は八月二十四日に起こった成都事件（中国人デモ隊による日本人新聞記者二名殺害事件）の解決交渉に便乗して、全般的国交調整交渉を張外交部長と始めるよう川越大使に指示した。九月十五日から南京で始まった交渉で川越は次の七項目の要求を提出した。それに対する張部長の対応は括弧内に示した。

一、排日取締り問題　（日本の策動停止、武力干渉と高圧的態度の排除）
二、華北問題　（日本が独立乃至半独立の政権造成を企図するのならば交渉の余地なし）
三、共同防共問題　（防共は内政問題、外国の援助を必要としない）
四、輸入税軽減問題　（輸入税の改定は内政問題、冀東密輸を考慮するのが先決）
五、上海・福岡間航空問題　（日本飛行機の非法な中国内飛行が障害）

六、日本人最高顧問傭聘問題（国交が好転すれば可能、但し外国政府の要求は拒否）
七、朝鮮人取締り問題（日本庇護下の外国人の非法行為は日本も取り締る）

このように対比してみると、両者の主張が懸絶していること、中国の交渉姿勢がいかに高くなっていたかが明らかである。さらに張群は塘沽、上海両停戦協定の取り消し、冀東偽組織の解消、不法飛行の停止、冀察、綏遠偽軍および匪賊の消滅などを要求した。張外交部長が九月十五日第一回会談で、中国人一般が日本の九月十八日（満州事変）以後の侵略に絶大の疑惧《ぎく》と不安をもっていることが国交調整の最大の障害と明言したが、終始その態度を崩さなかった。

張外交部長が解決を迫ったのは個々の懸案ではなく、その背後にある九・一八以来の日本の中国に対する姿勢そのものであったのである。この中国側の対応の重大な変化を東京も現地も充分に認識することができなかった。

川越・張交渉は綏遠《すいえん》事件の勃発（十一月十四日関東軍の指導によって開始された内蒙軍の綏遠進攻事件、指導したのは三月の会談で有田から批判された田中参謀である）で決裂したが、それは契機に過ぎなかった。中国側がもはや日本の恫喝を無視するようになったことは明らかである。

このようなとき、十二月十二日西安事件が突発した。

華北の種々相

中国共産軍が一九三四年十月江西省根拠地を放棄し、一年にわたる大西遷を経て陝西省北部の新根拠地に辿りついたのは三五年十月であるが、十二月二十五日延安の北方瓦窰堡《がようほ》で開かれた会議で毛沢東は抗日民族統一戦線の結成を提唱した。

共産軍は翌三六年二月、突如黄河を渡って山西省に入り山西省の三分の一近くを占領して内外の注目を浴びた。共産党は内戦の停止、一致抗日のための「東征」と称したが、閻錫山の要請を受けて国民政府が中央軍七個師、商震軍二個師を山西に派遣すると五月五日回師（撤退）宣言を発表して陝西省に引き揚げた。不足した食料の調達が目的ともいわれるが真の意図は判明しない。しかし日本は共産軍の脅威が山西、綏遠に拡大し、平津、北寧線沿線の日本居留民約一万三〇〇〇人に脅威を与えるとして、五月支那駐屯軍の大幅な増強（約二〇〇〇を五〇〇〇に）を実施した。司令官も親補職の田代皖一郎《かんいちろう》中将が赴任した。この増強が冀察政権に大きな圧力となったことは疑いない。北平南郊の交通の要衝豊台《ほうだい》への日本軍の駐屯もこのとき始まった。三月十二日にソ連が外蒙古と相互援助協定を締結し、外蒙の領土が第三国から攻撃の脅威を受けたときは両国は必要なあらゆる手段をとることを約したのも日本の警戒心を深めた。

十月、駐屯軍は豊台を中心にこれまでにない大規模な演習を実施した。十月末、外交部は須磨南京総領事に、今回の演習は「期間は十日にして人数は七千以上に達せり。而して天津郊外大直沽、小孫荘の民家三百余戸を指定し住民を強迫し全部追出し以て之を臨時駐兵所とせる為同所の村民二千余人は宿所を失へり。更に人夫、薪、馬糧、及物品等を徴集し騒擾《そうじょう》を極めたり、連日演習戦闘激烈にして付近一里内は交通断絶し大直沽、土城一帯の民家は大半破壊せられ稲は刈取られ豊台の民家は日本軍演習の為損害少なからざる趣《おもむき》」と、演習のため中国民衆が受けた被害の大きさを訴えた。

問題の多い冀東地区では冀東防共自治政府が二月密貿易を公認することによって課税収入を得ようと六ヵ所に査験所を開き（九月より昌黎《しょうれい》、留守営《るすえい》、北戴河《ほくたいが》の三ヵ所）、査験料の名目で正規の四分の一ほどに抑えた関税の徴収を開始した。その結果冀東地区を経由して華北各地に流入する貨物が激増し日本人を含む正規貿易は悪影響を受け、中国にとって最大の財政収入である関税収入を激減させた。クライヴ駐日イギリス大使は五月二日、有田外相に冀東密輸を抗議したが有田は密輸は華北のみならず華南でも行なわれており、その根本的原因として中国関税の高率なこと及び収入が中央政府によって独占されるため地方当局が取り締りに熱意がないことの二点を挙げて反駁した。国民政府は五月、海関職員の陸地交通上の取り締りを強化するとともに死刑を含む厳しい罰則を施行して密輸の弾圧に努めた。十五日、張外交部長は大使館に秦皇島駐屯の日本軍に対し今後海関の密輸取り締りに干渉しないよう戒告することを要求した。

冀東政府顧問宮脇賢之助によれば査験料収入は三月から八月まで計五四五万元であったが本収入はすべて通州特務機関の監督のもとに置かれ、二〇〇万元は内蒙工作、二〇〇万元は保安隊費用として使われ、殷汝耕には機密費二〇万元が渡されたのみという。いずれにせよ特務機関を中心に杜撰《ずさん》な支出が行なわれたのは間違いない。

六月二十二日外務省で池田純久天津軍参謀を招き、陸、海、蔵の代表が参集し華北関税、密輸に関して意見交換を行なった。その結果外務省としては、国民政府が河北省関税収入中より、外債負担部分、海関維持費を除いた剰余を冀察政権に委譲すれば冀東の特殊関税を廃止する意向を固めた。

一方宋哲元の冀察政務委員会に対する天津軍の経済利権獲得交渉も活発に行なわれ、九月一日には田代司令官と宋哲元の間に定期航空事業の開始、津石《しんせき》（天津―石家荘）鉄道の新設、龍煙鉄鉱の開発、塘沽付近の築港その他に関して諒解が成立した。しかし「諒解」の上申を受けた外交部は十一月二十一日、これら事業はすべて中央の統括事項であるとして承認を拒否し、行政院も合資事業はすべて事前に中央主管の各部に協議することなどの厳しい指示を出し（十二月五日）、実際の進行はほとんど困難な状況にあった。

十一月に入ると上海、青島《チンタオ》で日本系紡績工場（いわゆる在華紡）で大規模な労働争議が起こり、注目を集めた。

上海にある邦人経営の紡績会社で、中国人労働者約一万人がストライキにはいったのが十一月九日であった。上海紡や東華紡の八工場がストに参加し、工人は工賃の一割引き上げや食後一時間の休憩などの要求を提出した。十七日には豊田紡績工場で暴動が発生した。罷業《ひぎょう》が激化したのをみた在華紡績同業会の船津辰一郎《たついちろう》総務理事は、その背後に抗日、赤化の「魔手」があると考え、上海市当局に赤色分子取り締りを依頼した。若杉上海総領事は市政府に寺崎領事を派遣して、豊田紡の暴行事件は労働争議を逸脱した暴動で、背後に抗日救国会系、共産党系の不逞中国人の存在することを指摘したうえ、抗日救国会の黒幕である章乃器《しょうだいき》、沈鈞儒《しんきんじゅ》ら七名の逮捕、共産党狩り、各大学不逞分子の弾圧、暴行犯人の逮捕を正式に要求したのである。二十三日、救国会領袖たちの逮捕が実行されてのち、若杉総領事は市当局に謝意を表明している。

上海のストは青島に飛び火し、十九日からは青島の邦人紡績会社でもサボタージュがはじまった。罷業は次第に深刻となってきたので、邦人紡績は十二月二日、いっせいに工場閉鎖を実施しなければならぬ窮境に追いこまれた。翌三日午前四時、日本は海軍陸戦隊七六二名を上陸させ、各工場に配属して警備につかせたのである。権益擁護のための上陸はともかくとして、陸戦隊の一部が、青島市や鉄道の国民党部、警務処、国術館などを強制捜査し、罷業の背後関係者とみられる中国人を直接逮捕検束し、証拠書類を押収したのは、張外交部長から、中国主権の破壊であると厳重な抗議を受けても当然の措置であった。しかし日本陸戦隊の青島上陸の九日後、西安で蔣介石の監禁事件が勃発し、中国はもとより全世界を驚愕させ、すべての耳目は西安に集中された。

西安事件の勃発

一、前　史

一九三六年十二月十二日朝、陝西省北部の共産軍討伐戦（剿匪《そうひ》）督戦のため西安に赴いている蔣介石が張学良によって逮捕されたとのニュースは、世界に衝撃を与えた。蔣は四日から西安の東約二五キロの臨潼《りんとう》の保養地華清池《かせいち》で宿泊していたが張学良の親衛隊（警衛団）が襲撃して拘禁し、西安に護送したのである。

一九三四年一月、外遊から帰国後の張学良は予《よ》皖鄂《かんがく》三省（河南、安徽、湖北）剿匪副司令に任ぜられ、武漢を本拠に東北軍を率いて共産軍討伐に従事した。しかし九月、該地区の共産第二十五軍が北上して陝西省に入ると東北軍も追撃した。翌一九三五年十月には毛沢東の率いる主力も陝西省北部に入った。蔣介石は追撃の直系軍と東北軍で共産軍を挟撃する計画をたて、張学良を十月に改めて西北剿匪副司令に任命した。東北軍は河北、湖北両省から西北に集中した。当時陝西省は実力者楊虎城《ようこじょう》が第十七路軍を率いて西安に駐屯していた。西北軍である。これら中央軍、東北軍、西北軍を督励して共産軍の陝西省根拠地を覆滅し、「安内攘外」の「安内」を終らせようと、蔣介石は一九三六年十二月四日臨潼に到着したのである。

しかし現地東北軍は共産軍との内戦よりも抗日戦を望んでおり、張学良自身すでに四月九日に延安で秘密裏に周恩来と会見、内戦の停止で一致し、以後両軍のあいだは事実上の休戦状態となっていた。蔣も東北軍の内情ならびに張学良と共産党との接触を知っていた。

十二月七日夜、張学良は華清池に蔣介石を訪ね、内戦を停止して一致抗日してはじめて安内救国となると最後の勧告を行なった。共産党もまた中国人であり愛国者である、抗日の主張を鮮明にしているので連合に加えるべきである、委員長が剿共政策を堅持するのは日本軍閥の「華を以て華を制す」の毒計にかかっているもの、と痛論した。しかし蔣は張学良が若年で共産党に惑わされていると叱り、最後には激昂して机を叩き「今お前が私をピストルで殺しても私の剿共政策を変えることはできない」と一喝した（陳崇橋、胡玉海編『張学良外伝』）。

張学良はついに「兵諫《へいかん》」を決意した。十二日早暁張学良の警衛団は行動を開始し、蔣護衛の中央憲兵と銃撃戦を交えながら午前九時裏山に潜んでいた蔣介石を逮捕した。一方楊虎城の第十七路軍は蔣に随従して西安に来ていた中央の軍政大官とその従兵三〇〇余を一斉に拘留した。西安事件の勃発である。

張学良は十二日南京中央党部、国民政府主席をはじめ各方面に決起の趣旨を電報した。

一、南京政府を改組し各党派を参加させともに救国の責任をとること
二、すべての内戦を停止すること
三、上海で逮捕された愛国領袖の釈放
四、全国のすべての政治犯の釈放
五、民衆の愛国運動の開放

六、人民の集会、結社、すべての政治的自由の保障
七、孫文総理遺嘱の確実な遵守
八、救国会議の即時招集

の八項目である。

事態の発展をもっとも注視したのは日本であった。八項目の要求に日本は直接の対象となっていなかったが要求を綜合してみれば一致抗日の実現を目標としているのは明白であった。事件勃発直後政府は出先に「南京政府は勿論地方政権にして容共連露を標榜するが如きことあらば帝国としても之を黙過し得ざる所」と訓令した。

十二月十五日陸軍磯谷廉介《いそがいれんすけ》軍務局長、海軍豊田副武《そえむ》軍務局長、外務桑島主計東亜局長が集まり事件対策を協議した。会議は陸軍案を基礎に意見の交換がなされた。陸軍案は、まず南京政権その他の各地政権がさらに容共反日の風潮を激化しわが居留民の安全または権益を侵害するようなことがあれば「自衛権の発動を躊躇せず」との方針を冒頭に掲げた。そしてこの際南京政権の対内外政策が一般民衆の幸福助長に反していることを声明すること、防共協定の範囲を華北五省に及ぼすことなどを主張していた。外務省側は現在南京政府攻撃を声明することは情勢機微の折から反対であること、また華北内蒙工作をこの際推進することは西安事件を契機とする中国内部の自壊作用を阻止する結果となる恐れがあると慎重論を展開した。

イギリスのクライヴ駐日大使は十九日堀内外務次官を訪問、もし張学良が自身の安全を保証されるならば、あるいは蔣介石を釈放するのではないかと思われるので、列国が張の安全ならびに外遊の件を保証しては如何と申し入れ、すでに孔祥熙（行政院長代理）は本提議を歓迎していると付け加えた。しかし有田外相はこのイギリス大使提案に二十四日、南京政府部内でも張学良問題については意見が一致しておらず、孔祥熙一派は蔣介石救出に熱心のあまり張との妥協を辞さないようだが、他の一派は学良討伐を主張しており、日本としては学良が容共抗日を南京政府に強要している関係もあるので態度を保留すると回答した。

現地でも橋本群《ぐん》天津軍参謀長などは慎重な意見をもっていた。橋本は十四日蔣介石はすでに殺害されたと推察したうえで軍としては華北情勢の好転、華北分治漸進の好機会とは看ているが「従来失敗の轍を踏まざる様飽く迄火事泥式且無用の圧迫を避け主として積極的に経済提携を以て臨むを必要とす。尚刻々変化しつつある支那の全情勢は予断許さざるに依り以上の企図の下に当分静観す」ときわめて穏当な見解を上申した（天津久保田海軍武官より次官、次長宛、十二月十四日発）。

西安事件の反応は各国それぞれであった。イギリスの対応策の一斑はすでにみたが、ソ連の反応は注目すべきものがあった。二週間前の十一月二十五日に日独防共協定の締結をみたばかりなので、ソ連は西安事件を当初張学良が日本と結託して事件を起こしたと判断した。内戦の勃発によって中国の治安が混乱するのをもっとも喜ぶのは日本だからである。

西安では十七日周恩来、二十日宋子文、二十二日蔣夫人宋美齢が到着し、必死に収拾策を探った。二十三日宋子文、張学良、楊虎城との会談で周恩来は、一、停戦と中央軍の潼関以東への撤兵、二、南京政府の改組、親日派の一掃、抗日人士の参加、三、政治犯の釈放、民主的権利の保障、四、共産党討伐の停止、共産軍との連合抗日、五、各党、各派、各界、各軍からなる救国会議の招集、六、抗日支持諸国との協力の六項目の提案を行なった。以後周提案が基礎となって事態は展開した。蔣介石は最後まで文書による確認こそ拒否したが、事実上周提案を承諾し、蔣介石の南京帰還、抗日のための協力が諒解された。蔣介石一行を乗せた飛行機が南京飛行場に着陸したのは二十六日正午過ぎである。蔣介石は沿道民衆の熱烈な歓呼のなかを市内にはいった。南京だけではなかった。蔣介石の生還を祝福し安堵する声は全中国にあふれたといっても過言ではない。宋子文、張学良の搭乗機は二時間遅れて南京飛行場に到着した。

西安事件の劇的な勃発と結末は文字通り世界の耳目を集めたが、直接的に政治、軍事上の影響を受けるのは「一致抗日」の目標である日本であった。張群外交部長が川越大使との会談で示した満州事変以来の日本の中国政策清算への要求がさらに現実化したなかで、日中両国はそれぞれ運命の一九三七年を迎えるのである。

佐藤外相の三カ月

広田内閣は一九三七年一月二十一日、第七十議会再開の劈頭、政友会の浜田国松代議士の代表質問に対して寺内寿一《ひさいち》陸相が「軍人に対していささか侮辱なさる」ような言辞があったと答弁のなかで触れたことが契機となって、いわゆる浜田、寺内の腹きり問答となり、ついに二十三日内閣総辞職に追い込まれた。二十五日、宇垣一成《かずしげ》大将に組閣の大命が下ったが、陸軍の反対で辞退のやむなきにいたり、改めて元陸相林銑十郎《せんじゅうろう》に組閣が命ぜられた。

林内閣は二月二日に成立したが、外相に迎えられたのは三月一日に帰国したばかりの駐仏大使佐藤尚武《なおたけ》であった。佐藤は就任を受諾するに際して幾つかの外交方針の確認を求めたが、そのなかに日中間の平等な立場における交渉と中国に対する優越感の棄却が含まれていた。この佐藤新外相のもとで満州事変以来の対中国外交の刷新が行なわれようとした。なにが刷新かといえば、第一に中国を普通の統一国家として認識し、軍事力による威嚇を武器とするような高圧的外交を排除したことである。第二に中国には中国の立場があることを前提としたうえで、ギブ・アンド・テイクの方式による平和的交渉を徹底させようとしたことである。言葉を換えれば欧米の先進諸国と共通の地盤に立ち、共通の方式で中国に対処するという原則の採用である。佐藤はまず満州事変以後の日本の中国政策の基底にあった中国分治論を払拭するところから実行に移した。

西安事件の影響もあり、すでにこの年はじめから外務、陸軍、海軍の諸省で対中国政策見直しの動きがあった。陸軍では参謀本部戦争指導課長（第一部長代理）の石原莞爾《かんじ》大佐が中心であった。石原は三月一日第一部長（少将）となる。第一部は作戦を担当し、参謀本部の中核である。戦争指導課が作成した一月六日付「対支実行策改正意見」では「北支特殊地域なる観念を清算し之を五省独立の気配に誘致するが如き方策を是正し現冀察政権の管掌する地域は当然中華民国の領地にして主権亦其中央政府に在る所以を明確にす」と華北の特殊化・分治を否定する意向を明らかにした。そして抗日人民戦線運動を新中国建設運動に転化するためには「実に帝国が従来の帝国主義的侵寇政策を放棄」することが必要であるとした。

上海駐在の楠本実隆陸軍大佐と本田忠雄海軍少将は二月十八日、中国に対し強硬政策をもって臨むことは到底実行不可能とし、いたずらに打倒蔣介石、打倒国民党、あるいは北支五省中央離脱などの旧式観念を主張することを改め、堂々と中央政府を相手として進むべきことを進言した。「南京政府を相手とせずして地方政権の利用脅嚇に依り日支の国交を善導し得となすは日清、日露時代の支那のみ知りて中国の現在を知らざるもの」「支那に対し恫喝に依り我意を押付けんとする時機は已に去れり」という彼等の中国認識は傑出したものと言わざるを得ない。

外務省でも東亜局一課が二月二十日新しい「対支実行策」「第三次北支処理要綱」を起草した。

佐藤外相はこれらの新気運を綜合するかたちで四月十六日外、陸、海、蔵の四相間で「対支実行策」「北支指導方策」を決定した。この二決定を前年の八月十一日広田内閣が決定した「対支実行策」「第二次北支処理要綱」と比較すると歴然たる差異があるのは否定できない。同じ名称をもつ「対支実行策」を比較してみたい。

対支実行策（一九三六年八月十一日関係諸省間決定）

〔対北支施策〕

先づ徐《おもむろ》に冀察二省の分治完成に専念し爾他三省殊に山東に対しては防共親日及日満支経済提携を主眼とする諸般の工作に努む

〔南京政権に対する施策〕

南京政権をして我方に依存するの已むなきに至らしむるが如くすること必要なりとす

㈠ 防共軍事協定の締結

㈡ 日支軍事同盟の締結

㈢ 日支懸案の解決促進

(イ) 最高政治顧問の傭聘

対支実行策（一九三七年四月十六日外務・大蔵・陸軍・海軍四大臣決定）

〔対北支施策〕

北支の分治を図り若くは支那の内政を紊《みだ》す虞あるが如き政治工作は之を行はず

〔南京政権に対する施策〕

南京政権並に同政権の指導する支那統一運動に対しては公正なる態度を以て之に臨む

㈠ 排日言動の取締

㈡ 邦人顧問の招聘

㈢ 上海・福岡間航空連絡の開始

㈣ 関税の引下

(ロ)　軍事顧問の傭聘
(ハ)　日支航空連絡の開始
(ニ)　日支互恵関税協定の締結

(五)　不逞鮮人の逮捕引渡
(六)　上海其の他に於ける不祥事件の解決

前年の実行策に「冀察二省の分治完成に専念し」とあるのが、新実行策では「北支の分治を図り若くは支那の内政を紊す虞あるが如き政治工作は之を行はず」となった。百八十度の転換である。また「日支軍事同盟の締結」とか「最高政治顧問の傭聘」というようなきわめて政治的な項目はすべて消滅している。

梅津陸軍次官は新決定を関東軍に伝えるにあたり、広田内閣が前年八月十一日決定した「対支実行策」「第二次北支処理要綱」は「廃止」されたとつけくわえた（四月二十八日）。方針の転換を明示するための措置である。

佐藤外相が新方針に則《のっと》り国民政府との交渉を進めるにあたっての最大の障害は、やはり満州問題であった。満州国は建国以来すでに五年の歳月を経ていた。中国の国権回復の日程に冀東、冀察の解消から塘沽停戦協定の廃止に及ぶことは予想されたが、満州国の解消が登場するか否かが日本にとって最大の注目点であった。前外交部長張群（三月三日王寵恵に代った）は四月六日、川越大使に、日本側の一部に北支問題を解決すれば中国は直ちに満州問題に迫り来ると心配しているものがいるようだがまったくの杞憂に過ぎないと語り、汪兆銘も五月十三日日高代理大使が以前は中国側が、日本がどこまで攻撃してくるか心配していたが「最近は反対に日本側に於て支那が何処迄反撃し来るやも測り難しとの疑念を抱くに至」ったと述べたのに対し、その懸念はないと打ち消した。

佐藤外相も満州国問題に触れない範囲で日本側は譲るべきは譲って日中国交を正常化することに強い意欲をもっていた。しかし中国が満州国の解消を要求するような態度にでた場合は、日本としては譲歩の限界点を突破するものとして、世界に堂々と主張し決裂を避けないというのが佐藤の究極の方針であった。その場合佐藤は世界の世論は日本の態度を是認せざるを得ないと予測したのである。

林内閣は強引な議会解散による悪評のなかで五月三十一日総辞職し、六月四日近衛内閣の成立となった。外相には広田弘毅が再登場した。

ここで西安事件後の国共関係について一瞥しておく必要があろう。蔣介石とともに南京に帰還した張学良は一月二日有期徒刑十年の刑を宣告されたのち特赦されたが、軍事委員会の厳重な拘束のもとに置かれることになった。

二月十五日、注目の国民党五届三中全会が南京で開幕した。宋慶齢、馮玉祥《ふうぎよくしよう》、孫科などが「孫中山先生三大政策の恢復提案」などを行なったのが異色であった。蔣介石は事件の経過を報告、引咎《いんきゅう》辞職を申し出たが慰留された。三中全会は二十一日軍隊の統一（共産軍の解消）、政権の統一（ソヴィエト制の解消）、赤化宣伝の停止、階級闘争の停止などを内容とする赤化根絶決議を採択して二十二日閉幕した。蔣は三月七日川越大使に共産党の存在は認めないと語り、十七日には喜多誠一武官に共産党が完全に中央の意志に屈服すればともかく、赤化根絶決議に従わず、とくにコミンテルンとの連絡を絶たない以上、共産党との妥協はあり得ないと語った。

喜多武官との会談一週間後の二十三日蔣介石は夫人同伴で杭州に赴き、二十五、六両日共産党代表周恩来との秘密会談を行なった。主要議題は共産軍の保有兵力（周は四万以上を主張した）であったが結論にはいたらなかった。次の蔣介石・周恩来会談は六月八日から十五日まで江西省廬山（国府要人の保養地）で行なわれたが、蔣は席上、毛沢東、朱徳の外遊を提案、周に峻拒される一幕もあった。

蔣介石は共産党討伐には失敗したが共産党対策には充分な自信をもって対処していた。「安内」の段階は一応終り、「攘外」への移行が進みつつあった。

一方、ソ連の動向をみておきたい。

四月一日中国駐在ソ連大使ボゴモロフは上海に到着帰任した。前年（一九三六年）十一月十日から中国を離れ、帰国していたのである。帰任後大使が従来の秘密主義を脱し、努めて国民政府要人と接触し、また中ソ文化協会などの会合にも積極的に出席したのが注目を浴びた。四月十二日に王寵恵外交部長と会見した大使は、中ソ共同で外患を予防するためとして次の提案を行なった。

・中国が太平洋関係諸国（英米仏を含む）を招集して国際会議を開催、集団互助協定の締結を提議する。

・もし同会議が実現しない場合は中ソ両国は相互不可侵協定あるいは相互援助協定を締結する。

という案である。大使はさらにもし協定が成立しなくてもソ連は五〇〇〇万元の兵器、軍需品を中国に供与する用意があると告げた。しかし中国としてはソ連の意図に疑惑があったし、ソ連と協定を結ぶことによる英米の中国援助への影響も考えなければならなかった。もちろん日本を刺激することは明らかであったので、ボゴモロフ提案には慎重に対応せざるを得なかったのである。

日中戦争前夜

西安事件後の日本の陸海軍に、一部ではあるが満州事変後の中国政策に対する厳しい反省と批判が生じたことはすでに触れたが、逆に西安事件後の中国の対日姿勢の変化にいよいよ警戒を深め、高圧政策の実施を迫る向きもあった。そのもっとも先鋭な代表が関東軍であった。二月の関東軍参謀部「対支蒙情勢判断」は対ソ必勝のためには「内蒙及北支工作を強行し該地帯を日満支の融合地帯たらしむる国策を速《すみやか》に実現」することを主張した。具体的には内蒙軍政府と冀東政府を連衡させたうえ、冀東、冀察、山東各政権を一体とし、呉佩孚《ごはいふ》を起用し北支政権の基礎を確立し、次いでこれを山西、綏遠に及ぼすという構想である。「若し現状支那の悪化を放置し北支の完全なる南京化」という事態になれば対ソ支戦にきわめて不利という認識である。ここでは西安事件は華北の南京化への憂慮となっている。

板垣関東軍参謀長は三月一日第五師団長に転任し、後任に関東軍憲兵隊司令官東条英機《ひでき》中将が就任した。関東軍は林内閣佐藤外相の新中国政策に強い不満をもっていた。林内閣が五月末に総辞職すると関東軍は直ちに佐藤の中国政策の再検討を要求した。六月初旬、関東軍は林内閣の「対支実行策」「北支指導方策」にみられる消極性を「無智の支那民衆に対し日本与《くみ》し易《やす》しとの感を与へ更に排日侮日の結果を招来す」と批判した。南京国民政府に日本から進んで親善を求めるのは「其の国民性に鑑み却つて彼の排日侮日の態度を増長させ」るに過ぎないと言うのである。そしてむしろ現在の中国の情勢は対ソ作戦の見地からみれば、「我武力之を許せば先づ之に一撃を加へて再び立つ能はざらしめ」るのがもっとも有利な対策であると上申した。東条参謀長は六月八日付でこの趣旨を中央（次官、次長）宛に電報した。上京した東条は六月十六日外務次官官邸で堀内次官、東郷茂徳《しげのり》欧亜局長、石射《いしい》猪太郎《いたろう》東亜局長（五月十一日就任）と会談した。東条はこの会談で塘沽停戦協定に関する事項に変更のないこと、内蒙工作は従来通り政治工作を続けること、冀東の早急な解消に反対であることなどを申し入れた。

関東軍はいわば中国に対する一撃論の有力な主唱者であったことは間違いないし、関東軍参謀が北平、天津で暗躍したのも事実であるが、しかし満州事変における関東軍のように自ら武力行使を計画実践することはなかった。

この年の三月十三日、日華貿易協会会長児玉謙次（前横浜正金銀行頭取）を団長に日清紡績社長宮島清次郎、三井物産常務石田礼助、日本糖業連合会会長藤山愛一郎など中国に関係の深い一流の財界人を網羅した使節団一行が上海に到着した。

一行は直ちに南京に向かい、十六日蔣介石の招宴に臨んだ。蔣は挨拶で一九二八年訪日のとき渋沢栄一から「己所不欲勿施於人」（己の欲せざるところを人に施すことなかれ）の言葉を贈られたことを披露した。十八日上海で開かれた中国側代表との懇談会では、河北を無政府状態に導いた日本の行動が厳しい非難を浴びた。冀東の公然たる密輸、横行する三白（銀、モルヒネ、砂糖）業、堂々たる賭博、特務機関の横暴などが次々と中国側出席者によって糾弾された。

中国側の対応に強い印象を受けた児玉団長は、帰国後冀東政府と冀東密貿易を廃止しない限り、日中経済提携などは絶望と諦めるほかないと考えるにいたった。

四月末南京に赴任した日高信六郎参事官は国民政府首脳と精力的に会談したが五月二十四日佐藤外相に、「最近支那が大体統一せられ漸次固まり行くことの感は之を好むと好まざるを問はず一般の間に相当強く之に伴い経済建設に対する希望乃至熱意昂《たか》まり来れる様認めらる」との認識を示し、中国は日本の圧迫を従来ほど感じないで「日支関係の打開を焦る気配更に無く」と報告した。

王外交部長は六月三十日全米向け放送で中国の国家統一を誇り、そして今「多年の内憂外患ののち我が国民がもっとも必要としているのは平和と秩序である」と訴えた。中国における農業の復興、道路など交通通信機関の整備、幣制の統一、財政の健全化、さらに新生活運動の成果に触れた後、王はふたたび平和が国内発展の前提であり、国際間の平和が世界繁栄の要件であると強調して講演を終ったのである。

イギリス国王ジョージ六世の戴冠式に参列するため五月三日ロンドンに着いた孔祥熙財政部長はイーデン外相、チェンバレン蔵相、リース・ロスなどと会談し、中国の幣制を確立し財政基盤を強化するため借款の供与を要請した。イギリスは積極的に応じる姿勢をみせた。六月二十一日、イギリスのカドガン外務次官補は吉田茂大使に、孔から申し入れのあった二〇〇〇万ポンドのうち一〇〇〇万ポンドを受け入れることになったので日本にも参加を要請すると内話した。そして同時に対中国四国借款団の解散についてアメリカはすでに同意したので、日本の意向を早急に回答するよう求めた。

イギリス提案の対中国共同借款への日本の立場は複雑であった。イギリスの申し出に応ずることとは中国問題に関するイギリスのイニシアティヴを認めることになるが、それは天羽声明以来広田・重光ラインの一貫して拒否してきたところであった。そして今広田外相の復活（六月四日）をみていた。

しかし中国駐在の川越大使は七月五日南京から長文の意見電でイギリス提案の受諾を広田外相に上申した。川越によればもはや日本の「一片の反対表示で本件の実現を阻止し得るものと多寡を括る如きは甚だ危険」だった。もはやそれだけの圧力は過去一年半の日本の中国政策の失敗で失われてしまったというのである。

イギリスの提案に対する日本の対案は、一、局外にあってイギリスの単独借款に同意するか、二、成立を妨害するか、三、参加を主張するか、の三途であるが、三の参加以外に日本の採るべき道はないと川越は建言した。しかしイギリス提案の受諾は「満州事変以来の我堅持し来れる対支根本方針の急転回」なので当然反対が予想されるが、それ以外にイギリスと均等な発言権を保つための負担額一〇〇〇万ポンドの負担に日本が耐え得るかも川越は心配した。川越電報が本省に到着したのは七月六日、すなわち盧溝橋事件勃発の前夜である。

ロンドンから六月二十一日渡米した孔祥熙はすでにモーゲンソー財務長官から経済援助について好意的反応を得ていた。ソ連の国民政府への対応についてもすでに瞥見した。

過大に評価することはもとより危険ではあるが、中国は少なくともこの時期、国内情勢も国際的環境もともに上向きにあり、さきに王外交部長が放送で「中国国民にとって今必要なのは平和と秩序である」と強調したのは現実を深く踏まえての発言であり、切実な希望でもあった。「臥薪嘗胆」（六ページ）の時を経て中国はようやく次の一歩を踏み出そうとしていたのである。

ここで一九三七年の日中間に戦争にいたらない道があったかについて総括したい。結論からいうと「あった」と考える。その道は佐藤外相の対中国外交刷新の路線を継承することであった。佐藤は、苦難の発展過程にある中国の現実を直視するとともに日本の力の限界を正確に認識し、両国が平和裏に共存し得る道があることを確信していた。中国はようやく軌道に乗った国内統一の強化、経済発展のために切実に平和の継続を求めていた。

問題は日本にあった。「戦争の勃発と云ふ意味の危機、日本が之に直面するのも、しないのも、私は日本自体の考へ如何によつて決まるのであると云ふ風に考へるのであります」と佐藤外相は衆議院で答弁した（三月十一日）。

軍事力による窮境の打開を強硬に主張したのは陸軍とくに関東軍であった。しかし関東軍の東条参謀長は満州事変のときの石原参謀と異なり、中央の統制し得る範疇にあった。

中国との経済関係が行き詰まっていたのは事実である。対中国貿易は米英と急に擡頭してきたドイツとの挟撃を受けて苦戦していた。中国のもっとも必要としていた長期資金の提供についても日本が列国に対し劣位にあることは明白であった。しかし明るい側面もないではなかった。天津を中心とする日本紡績業の急激な進出は注目すべきであり、冀東貿易についても暴力的色彩は衰え、有力輸入商による把握が進んでいた(『支研経済旬報』第二号)。

米英はもとよりソ連、中国も佐藤外交の展開を支持し、注目していた。きわめて困難ではあるが絶望とは言えない日中関係正常化への展望を捨て去ったのは林内閣を継いだ近衛首相であり、再登場した広田外相であった。彼らは組閣直後から佐藤の否認した「広田外交」の復活を宣言した。

佐藤は広田のきわめてそっけない外相事務引き継ぎに強い不満をもったといわれる。

二、日中戦争の展開

盧溝橋事件の勃発

一九三七年六月四日に成立した近衛文麿内閣は、長く国民が期待していた清新な政治家の登場であった。組閣にあたって近衛は「国際正義に基く真の平和と社会正義に基く施策の実現に努めたい」との談話を発表した。近衛は「国際正義の実現するまでの間、いはゆる『持たざる国』の部類に属する我国は、我民族自体の生存権を確保し置かざる可《べか》らず、我国の大陸政策は此の生存権確保の必要に基く」と考えていた。

近衛内閣の外務大臣には外相、首相の経験をもつ広田弘毅が就任した。近衛は中国政策は広田内閣時代の三原則でよいとし、風見章内閣書記官長も広田内閣の「対支実行策」「第二次北支処理要綱」(一九三六年八月十一日)を採用したと語った。これらの決定が林内閣で明らかに廃止されたことは先述した。広田外交の復活であり、時計の針を逆に戻した、いやむしろ逆に進めたと言った方がより適切であろう。

さて、華北で日本と直接接触していたのは冀察政務委員会であり、委員長宋哲元第二十九軍長である。第二十九軍は一九三五年に中央軍が河北省から撤退したのち、察哈爾省から平津地区に移動してきた。しかし中央政府の強い規制のもとに自主権限はなく、一方日本側支那駐屯軍は経済利権獲得のため宋に不断の圧力をかけたので、宋は中央政府と日本軍との狭間できわめて困難な立場にあった。宋は五月二十二日、故郷の山東省楽陵に帰ったまま、七月になっても天津に戻ろうとしなかった。（宋の天津帰還は盧溝橋事件勃発後の七月十一日である。）

宋の第二十九軍は北平に馮治《ふうち》安《あん》の第三十七師、天津に張自忠の第三十八師、河間（河北省中部）に趙登禹《ちょうとうう》の第百三十二師を配置していた。一方日本の支那駐屯軍第一連隊（連隊長牟《む》田《た》口《くち》廉也《れんや》大佐）は第一大隊を北平、第二大隊を天津、第三大隊を豊台に駐屯させていた。

七月七日夕刻、豊台駐屯第三大隊（一木清直少佐）の第八中隊長清水節郎大尉は兵一三〇人を引率、夜間演習のため永定《えいてい》河盧溝橋河畔の演習地に向かった。夜営の予定であった。前段の演習がほぼ終了した十時四十分過ぎ、昼間中国軍の姿があった堤防陣地の方角から二度の銃撃を受けた。中隊は集結したが兵士一人の行方が不明だった。清水中隊長は直ちに伝令を送って豊台の一木大隊長に報告、一木の報告を受けた牟田口連隊長は盧溝橋に出動し、営長と交渉するよう指示した。盧溝橋宛平県城《えんぺいけん》には第三十七師の第二百十九団第三営（営長金振中）が駐屯していた。行方不明だった兵士は二十分後には判明したが、大隊長への報告は遅れた。出動した一木大隊は午前三時過ぎ一文字山に到着したが、中国軍の銃声を聞き、牟田口連隊長承認のもと、県城および周辺の中国軍と交戦を開始するにいたった。午前五時三十分である。この日断続的に深夜まで交戦が続き、第三大隊は戦闘人員約五〇〇人中、戦死一〇人、負傷三〇人の被害を出した。中国側の死傷者は一八〇人余（うち死者六〇人余）に達した（秦郁彦『盧溝橋事件の研究』）。

蔣介石は八日「倭寇（日本）は盧溝橋で挑発に出た。日本はわれわれの準備が未完成の時に乗じて、われわれを屈服させようというのだろうか、それとも宋哲元に難題をふっかけて、華北を独立させようというのだろうか、日本が挑戦してきた以上、いまや応戦を決意すべきであろう」と日記に記した。蔣は事件が偶然に起きたとは考えていない。蔣が判断に苦しんだのは、日本の目的が華北の支配にあるのか、あるいは全面戦争を決意したのかという点であった。しかし目的がいずれにせよ、もはや重大な譲歩はできない、応戦を決意すべき時であると認識した。

現地では十一日午後八時停戦協定が成立した。

一、第二十九軍代表は日本軍に対し遺憾の意を表し且つ責任者を処分して再び斯の如き事件の惹起を防止することを声明す。

二、中国軍は豊台日本軍と接近し過ぎ事件を惹起し易きを以て盧溝橋城郭及竜王廟に軍を駐《とど》めず保安隊を以て其治安を維持す。
三、本事件は所謂藍衣社、共産党、其他抗日系各種団体の指導に胚胎すること多きに鑑み将来之れが対策をなし且つ取締を徹底す。

現地で停戦協定が成立した十一日、東京で午前から午後にかけて開かれた五相会議、臨時閣議は華北への派兵を決定し、六時三十五分関東軍編成の混成二個旅団に、続いて朝鮮第二十師団に華北派遣が発令された。停戦協定成立前である。

閣議が終ったのち、午後五時三十分風見章書記官長は「今次の北支事変は其性質に鑑み事変と称す」と発表した。「事件」ではなく満州事変、上海事変とならぶ「事変」である。同六時二十四分華北派兵に関する政府声明を発表した。このなかで「今次事件は全く支那側の計画的武力的抗日なること最早疑ひの余地なし」と断定し、さらに今回の派兵は「従来我国が北支に於て保有せる駐兵権に基づく派兵ではなく、……支那側の計画的武力抗日に対する帝国政府の自衛権の発動に基づくものであり、満州事変、上海事変の出兵と同様の性質のもので派兵の意義は頗《すこぶ》る重大」と強調した。

近衛首相は閣議後葉山に向かい、天皇に華北派兵を上奏した。帰京すると近衛は、首相官邸に午後九時から言論界、九時半から政界、十時から財界の代表を招集し、政府の方針遂行に理解と協力を求めた。まったく異例の措置である。新聞は「挙国一致の結束成る」と報道した。

七月十一日近衛内閣は「自衛権の発動」という形で中国に対する武力行為の発動を一方的に宣言し国民の支持を求めた。盧溝橋現地における事件の実態に比して落差のある処置である。機を待って戦いを求めたと言わざるを得ない。

山海関で待機していた独立混成第十一旅団は十二日天津に到着、同第一旅団は十四日古北口に集結を終った。第二十師団も先遣部隊が十八日天津に到着した。

十二日蔣介石は日記に次のように書いた。「日本関東軍が天津に到着した。（近衛）内閣は昨日（十一日）緊急会議を開き、対華政策を協議した。日本全国の政党と産業界は閣議を擁護する旨宣言した。戦火は必ず拡大する、速やかに対抗措置を講じなければならない」。蔣介石は近衛内閣の戦争への意図を正確に受け止めた。

蔣介石は十七日に政治、経済、教育など広く各方面の名士を集めて開かれた盧山談話会で盧溝橋事件に対する中央の方針を闡明《せんめい》した。

「中国がまさに外に向けては平和を求め、内に向けては統一を求めているとき、突然盧溝橋事変の勃発をみた……事変の発展は中国の存亡だけでなく、世界人類の禍福に発展する」と蔣はまず事件の重大性を指摘したのち、「我が東四省が失陥して既に六年を経、継ぐに塘沽協定となり、現在衝突地点は北平の盧溝橋に達した。もし盧溝橋が圧迫により強占されればわれわれの五百年の故郷で北方政治文化の中心、軍事の重鎮である北平は第二の瀋陽と変わる。今日の北平がもし昔日の瀋陽になるならば、今日の冀察もまた昔日の東北四省となるであろう。北平がもし瀋陽になるのならば南京が北平に変わるかもしれないのである。したがって盧溝橋事変の成行きは中国国家全体の問題であり、その終結如何は最後関頭の境界線である」と述べた。そして「われわれはもとより弱国であり、また平和を擁護するのは我が国の国策であるので、戦いを求めてはならない。しかし弱国ではあるが我が民族の生命を保持しなければならず、祖宗先民がわれわれに遺した歴史上の責任を果たさなければならない、したがってやむを得ない時に到れば戦いに応ぜざるを得ないのである」と結んだ。そして基本的な条件として、

一、如何なる解決も中国の主権と領土の完整を犯してはならない。
二、冀察行政の不法な改変を許さない。
三、中央政府派遣の地方官吏、例えば冀察政務委員会委員長宋哲元などの更迭を許さない。
四、第二十九軍の現駐屯地点に如何なる拘束も受けない。

を挙げた。

十九日深夜（午後十一時）第二十九軍代表が橋本参謀長を訪問し、十一日協定第三項の細目実施を申し出た。

停戦協定第三項誓約文

一、共産党の策動を徹底的に弾圧す。

二、双方の合作に不適当なる職員は冀察において自発的に罷免す。
三、冀察の範囲内に他の各方面より設置せる各機関の排日色彩を有する職員を取り締る。
四、藍衣社、CC団等の如き排日団体は冀察において之を撤去す。
五、排日的言論および排日的宣伝機関および学生、民衆等の排日運動を取り締る。
六、冀察所属の各部隊、各学校の排日教育および排日運動を取り締る。

民国二十六年七月十九日　第二十九軍代表　張自忠
張允栄

七月二十二日、二十三日冀察当局は抗日愛国書籍、雑誌六十余種を禁止し、「観察」報社を封鎖し社長を逮捕、藍衣社その他秘密機関の弾圧、中央政府残留機関の粛清、警察の大学などへの分駐を実施した。日本軍の平津（北平―天津）総攻撃実施の数日前である。

中国中央がもっとも警戒したのは、現地における宋哲元の独自な対日妥協であった。それを牽制予防するため中央は、宋が北平を離れて保定に移るよう何度となく指示したが、宋は無視した。宋が十一日の現地協定を中央に上申したのは二十二日で、十九日の細目は報告していない。

二十五日夜北平・天津間の交通の要衝廊坊駅で電線修理中の日本軍と守備にあたっていた第三十八師百十三旅が衝突、翌二十六日日本軍は同地を占領した（廊坊事件）。同日午後五時半松井太久郎特務機関長は秦徳純に対し、廊坊事件に関して第三十七師を二十八日正午までに北平城内から撤退させるよう、支那駐屯軍司令官からの要求を提出した。夕刻日本軍が車輛を連ねて広安門から入城しようとしたとき、一部が城壁内に閉じ込められて壁上の中国軍から射撃される事件（広安門事件）が勃発、蔣介石は日本が冀察、宋哲元の根本解決を企図していると認識、いよいよ応戦の決意を固めた。一方支那駐屯軍も二十七日正午を期して総攻撃実施を決定（二十八日正午に延期）した。

東京では二十七日朝、近衛内閣が緊急閣議を開催、内地三個師団（広島第五、熊本第六、姫路第十師団）の動員派兵を決定した。そして支那駐屯軍司令官に「現任務の外平津地方の支那軍を膺懲し同地方主要各地の安定に任ずべし」との新任務が付与された。

二十八日八時、支那駐屯軍はまず南苑に集中している第三十八師、第百三十二師に対して攻撃を開始した。第二十師団は午後一時南苑を占領、北平方面に敗退した敵は駐屯軍歩兵旅団により撃滅された。この戦闘で第二十九軍副軍長佟麟閣《とうりんかく》、第百三十二師長趙登禹など五千余人が戦死した。北平にいた宋哲元は二十八日夜秦徳純、馮治安などとともに脱出、保定に向かい、北平は戦火を免れた。天津も増援部隊の援護により三十一日には制圧に成功した。

日中両国の中央政府が正面から対決するなかで、現地では中国側の屈服という形での妥協が進行しつつあったが、日中両政府とも姑息な妥協には反対であり不満であった。そして近衛首相（日本）は戦いを求め、蔣介石軍事委員会委員長（中国）は戦いに応じた。日中戦争の開始である。

和平と戦争の初期構想

八月はじめ平津地方制圧が終った段階、そして十日前後から内地三師団が逐次到着するという状況下で近衛内閣は和平案を決定、船津辰一郎（在華日本紡績同業会総務理事、元外交官、上海総領事）を上海に派遣し、八月九日に国民政府外交部亜州司長高宗武と接触させた。

この和平案を広田外相は中国をはじめ世界が日本の「公正無私な態度に敬服する」（八日川越大使宛訓令）内容と自賛した。

和平条件の最大のポイントは華北最大の政治、経済の二都市北平、天津を含み、かつ察哈爾省の満州国隣接地域に及ぶ広大な非武装地帯の設置である。この非武装地帯設立を条件に塘沽停戦協定、冀察、冀東政権を解消し、南京政府が右地域の直接行政を行なうのを認めるというのである。もっとも行政の首脳には「日支融和の具現に適当なる人物を選ぶ」という条件が付せられた。非武装地帯には当然中国軍は駐留できず、治安の維持は保安隊が行なうことになる。一方日本軍は、中国軍の撤退を確認したのち撤収を開始する、支那駐屯軍の兵数は自発的に削減されるがその規模、員数については日本が自主的に行なうなども規定していた。

和平案全体を綜合的に判断すると、要するに塘沽停戦協定の中立地域、すなわち中国側のいう戦区に北平、天津を含ませるということである。さらに満州国の承認あるいは黙認、日中防共協定の締結、内蒙古、綏遠での日本の要望の受諾、抗日、排日の厳重取り締り、関税の引き下げが要求されるが、一方で日本軍飛行機による華北自由飛行の廃止、中国側密輸取り締りの自由が保証される等々である。

九日夜には上海で川越大使と高宗武司長との会談も行なわれたが同日大山中尉殺害事件が勃発したため、高は急遽南京に帰り、本交渉は中止された。

これはきわめて中途半端な和平交渉であったが、注目されるのはその時期と和平案の内容である。日本軍が全面的な作戦行動を開始し北平、天津という二大都市を制圧し、間もなく強大な日本軍が戦線に到着する時期に行なわれ、非武装地帯への北平・天津の編入という形で戦局を収拾しようとした点である。全面戦争というプログラムが近衛内閣になかったとみれば、一撃論の実行、軍事的脅迫、占領のもとでの華北の核心である両都市の非武装地帯編入を意図したと解釈することが可能である。

この「公平無私」と自称する和平案が成立すれば、河北はもとより山西、山東、察哈爾、綏遠を含めて華北五省が事実上日本の勢力圏に入り、大連、天津、青島の三港を結べば渤海はいわば日本の内海と化するのである。

近衛が戦争—軍事的強圧に踏み切った目的は二つあったとみられる。一は国民政府の抗日政策の是正、排除であり、一は華北五省の勢力圏化である。しかし中国の抗日は日本の行動に主たる原因があり、戦争あるいは戦争の威嚇による勢力圏の獲得は時代錯誤というほかなかった。

いずれにせよ日本にとって重大な選択であり、決断であった。そして決断の背後に戦略的には一撃論、外交的には広田・重光路線の復活があったのである。

以後八年の長きにわたって中国本土の主要地域は日本軍の軍靴に蹂躪《じゅうりん》される。

盧溝橋事件勃発前、「一撃論」に表徴される強硬な中国政策の採択を迫ったのは関東軍であったが、事件発生後ますますその傾向を強めた。七月十九日から二十四日関東軍は次々と積極的な時局展開策を上申し、強硬方針の採択を慫慂《しょうよう》した。「北支処理要綱」「北支事変に伴ふ経済工作要綱」「情勢判断」その他である。これらを綜合すると、関東軍の時局に対する建策は次の通りである。

まず現在は対支積極的経略を進める「天与の好機」と認識した。華北政権を南京政府から分離した地方政権とし、独立自主性を与えて日満と軍事的政治的に鞏固《きょうこ》に結合させる、その地域は河北、山東の二省（将来山西に推進）とし要地（青島、済南《さいなん》、石家荘《せっかそう》、張家口ほか）に日本軍の駐兵権を獲得、指導機関として北平に大特務機関を設置、華北の鉄道などは興中公司《コンス》が支援強化する。興中公司や日本産業資本の進出によって鉄鉱、石炭、羊毛など重要資源を開発するなどである。独立国とはしていないが第二の満州国を目指しているのは明白であった。関東軍の見解は単なる紙上の構想ではなく、現実化する力量を兼ね備えていた。

関東軍の強い上申に押し切られる形で、八月九日参謀本部は支那駐屯軍ならびに関東軍に察哈爾進攻作戦の実施を指示した。関東軍は直ちに蒙疆《もうきょう》兵団を組織し、東条参謀長が直接指揮して張家口方面に進撃を開始、二十七日同地を占領した。東条はこの進攻作戦に多数の満州国行政官僚を引率しており、即時政治工作実施の準備を整えていた。

張家口占領後、蒙疆兵団は北上してきた支那駐屯軍第五師団と連結した。第五師団長は板垣征四郎中将で東条の前の関東軍参謀長である。

蒙疆兵団はさらに進撃を続行、九月七日には大同を占領した。そして引き続き山西省境に対する板垣師団の攻撃を支援する意向を上申した。これは内蒙の攻略と同時に山西省北部に進入し、北支那方面軍の河北作戦に呼応しようとする積極的な戦線拡大策である。板垣も山西省進出に積極的であった。十九日板垣は「北支においては概ね綏遠―太原―済南―青島の線を占めここに包含する資源を獲得し、そこに住む一億民衆を同僚として新北支政権を結成するを可とす」との見解を私信として各方面に送った。さきに紹介した七月段階の関東軍構想そのものである。山西作戦を強行しようとした板垣師団三浦旅団は二十五日平型関《へいけいかん》で共産軍の待ち伏せにあい、大きな損害を受けた。

蒙疆兵団の作戦を指導していた東条参謀長が軍命令で新京に帰還したのは九月二十二日である。(この板垣、東条関東軍コンビが近衛内閣の陸相、次官として陸軍の中枢を掌握するのは翌年六月である。）

一方注目されるのは陝西省にあって国民政府との一致抗日を標榜していた共産軍の動向である。蔣介石、周恩来の直接交渉が三月杭州、六月盧山で開かれたことは先に触れた。七月にも会談の予定で周恩来は七日上海に到着したが、その夜盧溝橋事件が勃発した。周は十三日盧山に入り、共産軍改編に関して蔣と協議を開始した。軍事委員会が共産軍の第八路軍への改編を発表したのは八月二十二日である。朱徳を総指揮、彭徳懐《ほうとくかい》を副総指揮に任命し、三個師を管轄して第二戦区（司令長官閻錫山）の戦闘序列に入った。九月六日改編を完了した共産軍は陝西省から山西省北部、同東部に移動した。八路軍の総兵力は約三万二〇〇〇である。

十月十二日、軍事委員会は周恩来の要請を受けて江南で流散していた共産軍遊撃隊を国民革命軍新編第四軍に編成、葉挺《ようてい》を軍長、項英を副軍長に任命した。四遊撃支隊を管轄し、兵力一万三〇〇〇、武漢衛戍総司令陳誠の指揮を受けることになった。八路軍、新四軍の誕生である。

上海から南京へ

近衛内閣は内地三個師団の中国派兵を決定、北平、天津地区中国軍の掃討を命じる一方、七月二十八日揚子江（長江）流域の日本人居留民に引き揚げを指示した。まず上流の重慶、沙市、宜昌などの居留民一五四名が八月四日漢口を経由して下江した。南京最後の引揚者一四六名は十五日浦口発津浦鉄道経由で青島に向かった。この日の午後海軍機による最初の南京に対する渡洋爆撃の実施をみた。日高参事官以下が日本大使館を閉鎖し南京を退去したのが八月十六日である。

八月九日夕刻上海虹橋飛行場周辺で大山勇夫海軍中尉（上海海軍特別陸戦隊西部派遣隊長）と斎藤要蔵一等水兵が中国保安隊に殺害された。中国側は七七事変（盧溝橋事件）後、上海地区の防御施設の堅固化を急ぐとともに虹橋飛行場など停戦地区内に保安隊の制服を着せた正規軍を投入していたともいわれた。

共同租界西部方面には豊田、内外綿など日本人経営の紡績工場があり、陸戦隊は若干の兵力を派遣して警戒に当り、大山中尉はその長であった。

大山事件が勃発すると長谷川清第三艦隊司令長官は直ちに佐世保から陸戦隊を増強したが、少数（約五〇〇〇）の陸戦隊で二万を超える居留民を保護することは困難で、当然陸軍の派遣が日程に上った。参謀本部の石原作戦部長は慎重であったが、十三日朝の閣議は上海への陸軍派遣を決定した。

十二日南京の英米仏伊大使は日中両軍の原状復帰を軸に調停に乗り出したが、上海では十三日から日中両軍の間で本格的な戦闘が開始された。挑発したのが日中いずれかは明らかでないが、日本側は、まず午前十時三十分商務印書館付近の中国軍が横浜路、宝山路交叉点の日本軍陣地に機銃攻撃をしてきたので応戦、次いで午後五時前八字橋方面の敵が西八字橋、陽済路橋、柳営路橋を爆破砲撃してきたので応戦した、とする。

十四日、国民政府は京滬《けいこ》警備部隊を第九集団軍に改編し張治中を総司令に任命、虹口、楊樹浦への反撃を開始し、第八十七師は滬江《こうこう》大学、第八十八師は八字橋、宝山橋などの要地を占領した。同日実施された中国空軍の軍艦出雲、陸戦隊本部への爆撃は盲爆となり、租界内南京路や中国人歓楽街大世界などに落下し、大世界では死傷者千数百人に達する惨事となった。

十五日松井石根《いわね》大将を司令官とする上海派遣軍が編成され、第三、第十一両師団を上海に急派することになった。政府は、「帝国としてもはや隠忍その限度に達し、支那軍の暴虐を膺懲し、もって南京政府の反省を促すため、今や断固たる措置をとるのやむなきにいたれり」との声明を発表し、同時に日本の戦争目的が、排外抗日運動の根絶とともに「日満支三国間の提携融和」にあることを闡明したのである。十七日の閣議は、従来の不拡大方針を放棄し、戦時態勢上必要な諸般の準備対策を講ずることを決定した。九月二日、それまで使用してきた「北支事変」の名称を「支那事変」と改称し、全面的な日中戦争の開始を政府は確認したのであった。十八日、天皇は参内した陸海総長に次のように下問した。

「戦局漸次拡大し上海の事態も重大となれるが青島も不穏の形勢に在る由、斯くの如くにして諸方に兵を用ふとも戦局は永引くのみなり、重点に兵を集め大打撃を加へたる上にて我の公明なる態度を以て和平に導き速やかに時局を収拾するの方策なきや、即ち支那をして反省せしむるの方途なきや」

事変の長期化を憂慮しての発言であろう。

蔣介石は「華北は補給線を維持することが困難だから抗戦を続けても結局は敵手に落ちるものとして、華北前線には大軍を増援しないことにした。中国軍の主力は揚子江流域の諸都市における決戦に備えて温存し、更にもし揚子江の線が破れた場合は、奥地深く第三すなわち最後の抵抗線を築く計画」であった。（董顕光『蔣介石』）

二十三日、第三師団は呉淞《ウースン》方面に、第十一師団は川沙鎮北方にそれぞれ強行上陸し、激戦を展開した。松井司令官は三十一日中国側が最精鋭部隊（陳誠軍）を投入していることを報告し、派遣軍を最小限五個師団に増強することを要請した。九月十日現地視察から帰った西村敏雄少佐（参謀本部）は中国軍の抵抗の頑強さ、住民の敵愾心《てきがいしん》の旺盛さを報告し両師団の大苦戦を伝えた。同日東京では参謀本部石原第一部長が軍令部近藤信竹第一部長を訪ね、「上海方面では兵力をつぎこんでも戦況の打開は困難、北支においても作戦進捗せず希望しない長期戦になろうとしている、陸軍統帥部としては速やかに和平に進みたい」と不拡大への海軍の協力を依頼した。しかし十一日、第九、第十三、第百一師団の上海派遣命令が発せられた。参謀次長多田駿は長期戦を覚悟した。石原は作戦部長辞任を申し出て、二十七日関東軍参謀副長への転出が発令された。参謀長は東条英機で、両者にとって最悪の人事といえよう。

九月下旬までに第三師団、第十一師団はすでに戦死二五八二名、戦傷九八〇六名、計一万二三八八名を出し、華北方面の戦死傷者八五六二名を凌駕していた。

上海に増派された三個師団は九月下旬から十月はじめにかけて上海、呉淞方面に上陸、戦線に参加した。第九師団は大場鎮、蘇州《そしゅう》河渡河と激戦を展開したが、九月末に上陸して戦闘に参加後、十一月はじめの蘇州河渡河までわずか四十日余に受けた損害は戦死三八三三名、戦傷八五二七名に達した。同師団の作戦経過概要は「上海付近に於ては将兵一万二千、馬一千六百の犠牲を出し死山を築き血河を作り」と書いているが、誇張ではないのである（現代史資料『日中戦争』2）。

苦戦を続ける上海方面に、日本は十一月五日さらに第十軍（司令官柳川平助中将）を投入し、杭州湾に上陸させせた。そして七日には松井を司令官とする中支那方面軍が編成され、松井は上海派遣軍と第十軍を併せ指揮することになった。中支那方面軍司令官の任務に「敵の戦争意志を挫折せしめ」とあった。居留民保護の段階は完全に過去のものとなった。

第十軍第六、第十八師団は十一月五日杭州湾上陸に成功、膠着した上海戦の中国軍側背を脅かした。第百十四師団も十日上陸、十九日には嘉興《かこう》を占領した。一方揚子江白茆口《はくぼうこう》に上陸した重藤支隊、第十六師団（華北から転用）は十九日常熟を占領した。第十軍の側背からの攻撃で頑強に抵抗していた中国軍も十一月十一日全面退却を余儀なくされ、上海戦もようやく一転機を迎えた。

日本軍は十九日、予定の蘇州—嘉興の線に到達した。

中支那方面軍は二十二日、「現下の情勢を利用し南京を攻略し中支方面に明瞭なる作戦を結ぶを可とす」と南京攻略を上申した。「事変解決の為には首都南京の攻略は第一義的価値」があり、方面軍独自で南京攻略は可能との判断であった。松井司令官は内地出発前から南京攻略による国民政府の屈服を期待していた。十二月一日、遂に敵国首都南京攻略の命令が松井に下った。

上海派遣軍と第十軍は競うように南京に向けて進撃した。進撃路にあたった街や村落は日本軍の略奪、暴行に耐えなければならなかった。進撃する日本軍に組織的な兵站《へいたん》がないのであるから物資の現地調達は避けられなかったのである。

南京は一九二七年以来中国国民政府の首都である。しかし十月二十九日蔣介石は国防最高会議で遷都（首都移転）の必要を説いた。長期抗戦を実施するため国民政府は重慶に遷都し四川をもって抗敵の大後方とすることを明らかにした。

国民政府主席林森は十一月二十日、一〇〇〇人余の官僚とともに龍興号に乗船、南京を離れた。一行は四日後漢口に到着し、ここで船を乗り換え、二十六日、盛大な歓迎を受けつつ重慶に到着した。中央政治会議主席汪兆銘が南京から漢口に到着したのが十一月二十三日である。

蔣介石は南京で作戦指導に当っていたが、南京を防衛するのか放棄するのかの討議のなかで死守を唱えたのが唐生智であった。国民政府は二十四日南京衛戍司令に唐生智を任命した。唐は蔣介石の指示を受けながら南京外郭陣地、複郭陣地の整備を急いだが、守備兵員の調達と同じく泥縄式であることは明らかだった。

後に触れるが、蔣介石にとってはソ連参戦の慫慂、ドイツ大使トラウトマンとの対日和平協議など多忙な日々が続いていた。蔣介石が宋美齢夫人とともに戦闘機に護衛されながら廬山に向け故宮飛行場を飛び立ったのは十二月七日早暁である。

松井軍司令官は十二月九日、和平開城の勧告を飛行機で城内に散布した。回答は翌十日正午句容街道上の歩哨線で受領するとした。十日武藤章参謀副長、中山参謀などが中山門―句容道上において午後一時まで待ったが軍使は姿を現さなかった。松井軍司令官は午後一時、総攻撃の命令を発した。

すでに南京は三方面を完全に日本軍に包囲され、揚子江方面だけが空いていた。揚子江を背にしての背水の陣であった。九日夜唐司令は各部隊に陣地の死守を命じ、違反者は厳重に処分すると通達した。一方各部隊の所有船舶はすべて第七十八軍長宋希濂《そうきれん》が管理し、沿江部隊の勝手な乗船渡江を禁じ、違反者は武力で制止するとした。要するに「守城官兵」の退路を絶つことによって南京を死守させようとしたのである。

九日までに南京外郭陣地はすでに喪失し、残されたのは烏龍山《うりゅうざん》砲台、紫金山、雨花台の三高地であった。

烏龍山北側から陽子江に沿って南下し下関《シャーグアン》に向かったのは山田支隊（第十三師団）である。一方牛島支隊（第六師団）は南から江岸に沿って北上下関を目指した。下関が日本軍によって占領されれば南京の中国軍は文字通り袋の鼠となる。下関には南京城北部の門を制圧しつつ進攻した第十六師団佐々木支隊が十三日午後早く突入占領した。

紫金山は南京の東部にあり最精鋭の教導総隊約四万が守備していた。第十六師団は中国軍と白兵戦を交えた激戦を繰り返し、十三日夜明け近く中山門を占領した。

城南雨花台方面を攻撃したのは第百十四師団、第六師団で、防衛する第八十八師の集中砲火を浴びながら十三日正午過ぎ中華門周辺に殺到した。

南京三方面から城内に突入する日本軍とそれを阻止しようとする中国軍との間に激戦が展開し、砲声殷々《いんいん》たる十二日午後、唐司令は直接蔣の撤退命令を受けた。午後五時唐は師長以上を集めて軍事会議を開き、蔣介石の撤退命令を読み上げたのち各指揮官にそれぞれ夜六時から明朝六時までに南京を撤退することを命じた。一部の渡江部隊を除き日本軍の包囲を破っての自力突出である。

日本軍に利用されないため、重要建築物の放火破壊が始まった。第三十六師の兵士が中山北路に面する軍政部、鉄道部（南京衛戍司令部）、交通部などを焼燬《しょうき》したのをはじめ、一時間以内に市内の主要な建築物は烈しい火と濃い煙に包まれた。夕暮れの市街、火煙が炎々と燃え盛るなかを中国兵は慌しく往来していた（孫宅巍主編『南京大屠殺』）。

南京には前線から潰走してきた兵士、傷病兵、難民が中山門、中華門から続々と入っていた。彼らは難民区に入ろうとして拒絶されると、揚子江を渡河して逃げるため、一部は中山北路を通って挹江門《ゆうこう》から下関に、一部は中央路から和平門を通って燕子磯《えんしき》に赴こうとした。しかし両門とも完全に閉鎖されていた。先行した官兵が兵士や難民の殺到によって渡江を妨害されるのを恐れたのである。

唐自身は十二日午後九時副司令羅《ら》卓英《たくえい》らとともに軍用小火艇で浦口に渡った。国崎支隊が浦口駅を占領し、南京中国軍の江北への退路を完全に切断したのは十三日正午である。

十三日早暁には南京中国軍の組織的抵抗は終っていた。

蔣介石が南京を離去したのはわずか五日前の七日である。南京死守を呼号していた唐司令は、蔣の命令によるとして、部下および一般市民をまったく無対策のまま敵軍の前に置き去りにして逃亡した。しかも渡江しようとする中国軍とそれを阻止する部隊との間に同士討ちが始まり、多くの兵士はなんの目途もなく寒夜揚子江に逃げ入り、徒死するにいたる。

中国人兵士および南京市民の悲劇は日本軍南京入城前に始まり、そしてさらに陰惨な悲劇が日本軍入城後待ちうけていた。

日本軍が、南京ならびにその周辺で行なった無抵抗な捕虜ならびに捕虜と認定した者に対する集団的殺害および一部兵士が同じく無抵抗な婦女に対して行なった広範囲な暴行強姦行為は敵国首都を征した名分なき戦争の荒寥たる一断面であった（秦郁彦『南京事件』、笠原十九司『南京事件』）。

盧溝橋事件一周年記念日に蔣介石は「日本国民に告ぐ」という文章を発表したが、そのなかで戦争勃発以来、日本は人力、財力などを喪失したが、もっとも重大な損失は道徳上の損失であるとし「貴国（日本）の出征軍隊が世界中で一番野蛮であり、一番破壊力をもつ軍隊であることを、諸君は知っているだろうか。貴国がつねに誇っていた『大和魂』と『武士道』はもはや地を払って存在しないことを諸君は知っているだろうか。毒ガスと毒ガス弾は遠慮なく使われている。アヘンやモルヒネの類も公然と売られて、あらゆる国際条約と人類の正義はすべて貴国の侵略軍隊によって蹂躙されている」と非難した。

さらに蔣は「いうに忍びないが云わざるを得ないことがある」と前提し日本軍の「我が婦人同胞に対する暴行」を具体的に指摘したうえで次のように痛論した。

「貴国は、昔から礼教を重んじ、武徳を敬い、世界の賞賛を受けてきた。ところが今日貴国の軍人の行動に表われたところを見ると、礼教が地をはらい、武徳も跡形なくなくしているだけでなく、人倫を無視し、天の理に背こうとしている。このような軍隊は、たんに日本の恥辱であるばかりでなく、人類の汚点でもある」（玉島信義編訳『中国の日本観』）

この時、蔣の脳裏に南京における日本軍の暴行があったことは疑い得ない。蔣は同日発表した「軍民に告げる書」のなかで「日本は我が国家を亡ぼそうとしているだけでなく我が種族を滅ぼそうとしている」と非難した。

華中を主戦場とする蔣介石の構想は実現したが、日本としては華北へも新兵力の投入が必要となった。八月中旬第十六、第百八、第百九の三個師団に動員を下令し八月三十一日北支那方面軍の編成をみた。司令官は寺内寿一大将である。方面軍第一軍、第二軍が攻勢を発起し得る態勢を整えたのは九月十日頃である。寺内司令官は九月四日天津に到着、第一軍は平漢鉄道（北平―漢口）、第二軍は津浦《しんぽ》鉄道（天津―浦口）に沿って南下し、ほぼ保定―滄州《そうしゅう》の線で敵を撃滅する作戦であった。第一軍は九月二十四日保定を占領、第二軍も同日滄州を占領、両軍とも予定の線に達したが、目的であった中国軍の撃滅はその退避作戦によってまったく不成功に終った。以後第一軍、第二軍ともに進駐地域を拡大し、この年（一九三七年）末には河北省をはじめ山西、山東、察哈爾、綏遠など華北の広汎な地域において日本軍は鉄道沿線地帯を占領した。

列国の対応――英米ソ

中国が国際連盟規約第十条、第十一条及び第十七条によって日本の軍事行動を国際連盟に提訴したのは、盧溝橋事件後二ヵ月もたった九月十三日のことである。顧維鈞《こいきん》中国代表（駐仏大使）

の意図は第十七条（非連盟国に対する措置）による勧告を日本が拒否すれば第十五条、第十六条による制裁措置を発動することにあったが、イギリスのイーデン外相、フランスのデルボー外相、アヴノール連盟事務総長は日本の宣戦布告、アメリカの中立法発動、中国への武器輸出禁止の可能性について顧維鈞に注意を喚起した。十六日の連盟理事会は本件を一九三二年二月二十四日採択の決議に規定された極東問題に関する二三国諮問委員会（このときは二五国）に付託することを決定した。九月二十一日開会した諮問委員会は当事者の日中両国及びドイツ、オーストラリアの四国に参加を呼びかけたが、日独は招請を拒否した。

九月二十七日、極東問題諮問委員会はイギリスの提議を受けて日本空軍の中国諸都市爆撃を非難する決議を採択し、翌日の連盟総会も全会一致で承認した。イギリス提案は、日本の空爆は戦闘地域とはるかに隔たった地区の明らかに非軍事施設に向けて実施され、無辜《むこ》の人民を無差別的に殺戮し恐怖を引き起こすのが目的、と強く非難していた。

十月五、六日の国際連盟総会は二三国諮問委員会の二つの報告と一つの決議案を採択した。第一の報告では「中国に対する日本の軍事行動は紛争の起因となった事件とは絶対に比較にならぬ大規模なものと認めざるを得ない」とし、日本の軍事行動は自衛ではなく日本が加盟している九カ国条約、不戦条約の違反であると認定した。そして第二の報告で連盟の採るべき処置として、連盟国たる九カ国条約署名国の会議をなるべく早く招集することを勧告した。同日アメリカ国務省も、日本の行動が条約違反である点で連盟総会の結論と一致するとの声明を発表したのである。

十月五日ルーズヴェルト大統領がシカゴで行なった隔離演説は各地で大きな反響を呼んだ。大統領は国際的なアナーキーを惹起する国家は伝染病のキャリアのように隔離すべしと主張した。

アメリカ大統領のシカゴ演説に対し、十月六日外務省の河相達夫情報部長は世界における「持てる国」「持たざる国」の存在を指摘したうえで、「『持てる国』が『持たざる国』に対し既得権利の譲歩を拒んだならば、これを解決する途は戦争に依るの外ないではないか」との論理を展開して反駁した。しかしこの発言はやや飛躍的であったので、外務省は日本の行動が自衛の措置であることを強調する声明を発表して河合談話を修正したのである。

九カ国条約国会議はベルギーの首都ブリュッセルで十月三十日より開催することになり、一七カ国に対し招請状が発せられた。さらに独ソ両国も招かれたがドイツは参加を拒否した。本会議が国際連盟主催の会議と大きく異なるのはアメリカがオブザーバーではなくイギリスとともに主催者の一員として会議をリードする役割を担うことであった。

ブリュッセル会議は十一月三日から開かれ、約三週間を経て二十四日閉会したが、なんら見るべき成果を挙げなかった。米英ともに、経済制裁など実質的に効果のある対日政策を樹立しようとの意欲を欠いていたのである。

盧溝橋事件勃発後の七月十九日、陳立夫《ちんりつぷ》（CC系領袖、国民党中央執行委員会常務委員）が蔣介

石の委任を受けてソ連大使ボゴモロフと会談した。陳はまず中ソ相互援助協定を締結すべきことを提議したが、大使は太平洋公約(五八ページ)の先行を主張しかつ相互援助協定よりも不可侵協定の締結を優先させるべきだとした。ボゴモロフによれば不可侵協定の締結は提供武器がソ連に対して使われない保証のためにも必要だった。

リトヴィノフ外相も、相互援助協定の締結はソ連の対日参戦を意味する、と反対した。同時に現在飛行機二〇〇機、戦車二〇〇輛の提供が可能であり、中国乗員の訓練も引き受けるが、軍需品を提供するためにはまず不可侵条約が締結されなければならないとボゴモロフに指示した(七月三十一日)。

ボゴモロフは八月二日、蔣介石と直接会談した。通訳には蔣介石夫人宋美齢があたり張群も同席した。大使は訓令に従い、相互援助協定の締結は不可能とするソ連側の立場を明らかにした。一方蔣は飛行機の供与を五〇〇機に増加するよう希望した。蔣介石は不可侵協定の締結が軍需品供給の報酬という形になることに拘《こだわ》り、不可侵協定と軍需品供給協定の同時調印を提議したが、結局中国の主権を損なわないという条件をつけて不可侵条約交渉の開始を承諾した。

八月二十一日、中ソ不可侵条約四ヵ条が南京で署名された。この条約には五年の有効期間中、ソ連は日本と不可侵条約を締結せず、中国は第三国と共同防共協定を結ばないという口頭による約束があったという(『蔣介石秘録』)。ボゴモロフは蔣介石を満足させるためにも至急戦闘機五〇機を空輸するよう上申した。蔣介石は二十日、蔣廷黻《しょうていふつ》駐ソ大使に戦闘機二〇〇機、爆撃機一〇〇機を要求するよう指示した。一方蔣は楊杰《ようけつ》参謀次長を団長、張冲《ちょうちゅう》を副団長とする軍事使節団をモスクワに派遣した。楊は八月二十二日、蔣介石から、ソ連の参戦を促して互助協定を締結するのが目的、との指示を受けた。軍事使節団は九月九日からモスクワ郊外の保養所でソ連側と折衝を開始した。中国は飛行機の提供を最重要視した。重爆撃機は蘭州経由、航続距離の短い戦闘機は庫倫《クーロン》、太原経由とし、そのほかの重砲、戦車などは海上輸送で香港着と輸送路の提案をした。楊は中国出発の時に蔣介石から日本空爆用の重爆撃機を重視するよう命ぜられたと語った。

十月飛行士及び整備員計二五四名のソ連空軍義勇隊が爆撃機二一機、戦闘機二三機とともに蘭州経由で南京に到着した。ソ連機が初めて南京で対日戦に参加したのは十一月二十一日といわれる。以後、十一月に漢口に爆撃機、十二月末には南昌に戦闘機が到着、ソ連義勇隊は三六六五人に達した。

九カ国条約ブリュッセル会議開催（十一月三日）を前にして蔣介石は、十月二十二日モスクワの楊団長に、もし会議が失敗しても戦争を継続するが、ソ連の参戦の決意と時期を探知するよう指示した。楊と張は十一月十一日、スターリンと会談したがスターリンはいくつかの理由を挙げて即時参戦を拒否した。スターリンは最後に、中国は今有利に戦争をしているが、もし不利になればソ連は日本と開戦する。ソ連は中国を援助するが今直ちに参戦すれば中国は世界の同情の一半を失うことになろうと述べた。

十一月二十八日、楊にドイツ大使が日本に和平の意志があること、華北に領土的野心がないことを伝えてきたとの情報がもたらされた。蔣介石は南京でドイツ大使と会談の際、和平は拒絶するが、南京の防御工事は薄弱で長く堅持することが困難であるため、ソ連はいつ参戦するのか、するとすれば十日以内に実現し得るか、ソ連の反応を打診するよう命じた。蔣は三十日には直接スターリンに打電して約束の実現を迫った（蔣は十一月十八日帰国した張副団長からソ連参戦について楽観的な報告を受けていた）。スターリンは十二月四日、蔣介石に返電を送ったが、そのなかでソ連が日本の挑戦もなく直ちに参戦すれば侵略行動とみられ、国際世論で日本は有利になる、もし九カ国条約国あるいはその主要な一部でも共同するならばソ連は直ちに出兵する、とソ連単独での参戦を拒否した。

年末に中国はソ連に二十個師の装備兵器の供給を申し出て、ソ連もほぼ同意した。一九三八年一月、中国は立法院長孫科を特使としてモスクワに派遣、武器購買のための借款を要請、三月一日、中ソ第一回三〇〇〇万米ドル借款の締結に成功した。

一九三七年九月から一九四一年六月独ソ戦争勃発までにソ連が中国に提供した武器は、飛行機九二四機（爆撃機三一八、戦闘機五六二ほか）、戦車八二輌、トラクター六〇二輌、自動車一五一六輌、大砲一一四〇門、重、軽機関銃九七二〇挺、歩兵銃五万挺、弾薬約一億八〇〇〇万発等である（陶文釗ほか編『抗日戦争時期中国対外関係』）。

ドイツの和平仲介と「対手とせず」声明

南京で日本軍の進撃に対処していた蔣介石は、十二月二日に漢口からきたドイツ大使トラウトマンを引見、十一月五日には拒否した日本の和平条件を改めて交渉の基礎として受け入れると通告した。ブリュッセル会議が期待した成果なく終り、蔣はソ連の参戦誘致に懸命の時であった。南京の陥落を前にして何とか時間を稼ぐ必要に迫られたとみてよかろう。蔣の意向は十二月七日ディルクセン駐日ドイツ大使から広田外相に伝えられた。広田は、日本が十一月はじめ提示した条件は戦局の変化によって変更されると示唆した。日本軍による南京の占領（十二月十三日）を経て広田が新和平条件をディルクセン大使に提示したのは十二月二十二日である。内容の概略は次の通りである。

一、満州国の正式承認
二、排日、排満政策の放棄
三、北支、内蒙に非武装地帯設置
四、北支に日満支三国の共存共栄のため適当な機構を設置し広範な権限を付与
五、内蒙古に防共自治政府の設立（国際的地位は外蒙と同じ）

六、防共政策を確立し日満と協力
七、中支占拠地域に非武装地帯を設定、大上海市区域は治安維持、経済発展に日支協力
八、日満支三国は資源の開発、関税、航空などにつき協定締結
九、所要の賠償支払い
付記
北支、内蒙、中支の一定地域に保障のため日本軍駐屯
前諸項に関する協定成立後休戦協定開始

そしてさらに一定の日限内に講和使節を日本の指定する地点に派遣することを求め、本年中に回答すべしと期限をつけた。「講和使節」とあるようにまさに敗戦国としての待遇である。首都南京陥落の効果を過大に意識したことも影響しているであろう。新条件をみたディルクセンが中国の受諾する可能性はきわめて少ないと語ったのは当然である。

この条件は前日二十一日閣議で承認を受けたものである。続いて二十四日の閣議で決定された「支那事変対処要綱」をあわせみれば、近衛内閣が日中戦争になにを期待したかが明らかになる。前述した八月はじめの第一次和平案が華北の支配を目指したとすれば、この第二次和平案は全中国の支配を意図したといってよい。国民政府は敗北、屈服を自認する以外この要求を受け容れることはできないと言えよう。

この構想は一九三八年一月十一日御前会議で「支那事変処理根本方針」として決定された。一月十二日堀内次官はドイツ側に回答期限を十五日と通告した。より詳細な内容を知りたいとの中国側回答がディルクセンによりもたらされたのは十四日午後である。十五日朝から夜まで断続的に開催された大本営、政府連絡会議で交渉の打ち切りをめぐって激しい議論が展開されたが、即時打ち切りに最後まで反対したのは多田参謀次長一人となり、所詮、蟷螂《とうろう》の斧であった。十六日広田はドイツ大使に交渉打ち切りを通告、有名な国民政府を対手《あいて》とせずの声明を発表した。「帝国政府は爾後国民政府を対手とせず、帝国と真に提携するに足る新興支那政権の成立発展を期待し、是と両国国交を調整して更生新支那の建設に協力せんとす」である。

「国民政府を対手とせず」声明は和平交渉の相手を自ら好んで喪失させたものとしてその失敗の重大さは近衛自身認めるところであるが、しかしこのような措置をとらせた背景として考えられるのは日本軍が占領直後から各地に育成した現地政権の存在とその将来への期待であった。

まず内蒙方面であるが、一九三七年八月九日察哈爾作戦をようやく承認された関東軍は、東条参謀長自ら作戦を指揮して二十七日張家口を占領した。東条は出動にあたって、「満州国より経験豊かなる日満系官吏十名、宣撫工作員五十余名、施療機関員十名、金融関係者数名」などを同行させる用意周到さで関東軍は占領の拡大と同時に現地政権を樹立した。察南自治政府（九月四日、張家口）、晋北《しんほく》自治政府（十月十五日、大同）、蒙古連盟自治政府（十月二十七日、綏遠）がそれである。さらに三自治政府を統合して十一月二十二日蒙疆連合委員会を結成させた。同日三自治政府首脳は植田謙吉関東軍司令官に宛て「内面的指導」を仰ぎたい旨の書簡を提出し、最高顧問の推薦をも依頼した。最高顧問には満州国からきた金井章次が就任し、連合委員会のすべての施策は金井の承認を受けなければならなかった。

華北においては九月四日寺内北支那方面軍司令官は喜多誠一少将を特務部長に任命して新政権樹立工作にあたらせた。十月の段階で、陸軍は現地（北支那方面軍）も中央（陸軍省軍務課）も華北占領地に樹立する政権は将来南京国民政府に代るべき新支那中央政府を目指す点で一致していた。中華民国臨時政府が北平で樹立をみたのは十二月十四日である。新政府は大総統制であるが大総統は空席とし、行政委員長に王克敏《おうこくびん》を迎えた。王は旧北洋軍閥時代財政総長を歴任し、一九三五年には冀察政務委員会委員に選任された財政通である。臨時政府に参加した要人は王と同じく軍閥時代の政客が多く、国民政府になってから久しく冷遇され、国民党に強い反感をもっていた。臨時政府は出発にあたって国民党の施政を激しく非難した。翌年一月には冀東防共自治政府も臨時政府に吸収された。

関東軍は蒙疆政権を、北支那方面軍は中華民国臨時政府を完全に掌握下に置くとともに強い支持を与えたのである。

盧溝橋事件以後の日本軍の損害は、戦死者のみですでに二万名を超えていた（二月三日杉山元陸相の衆議院赤字公債委員会における報告）ことも注目する必要があろう。

近衛内閣の改造――宇垣と板垣

南京陥落後、華北では十二月二十三日第十師団が黄河を渡河し二十七日済南を占領、さらに南下を続け、年が明けて一月十一日要衝済寧《さいねい》を占領した。十日には海軍陸戦隊、国崎支隊が青島に上陸、山東鉄道を東進してきた第五師団も十四日合流した。第三集団軍韓復榘総司令はほとんど抵抗せずに山東を日本軍の占領に任せたとして糾弾され、武漢で一月二十四日銃殺された。板垣第五師団は山東鉄道濰《い》県で南折、三月中旬臨沂《りんぎ》に迫り、坂本支隊は台児荘《たいじそう》に向かった。一方磯谷第十師団は津浦線に沿って南下した。坂本支隊の南下が困難となったのをみた第二軍は第十師団に坂本支隊の救援を命じ、第十師団は瀬谷支隊を派遣し台児荘の攻略に参加させた。しかし台児荘に向かった瀬谷、坂本両支隊とも頑強な敵に阻止されただけでなく優勢な中国軍に逆包囲され、連絡を欠いたまま四月上旬、ともに戦線を離脱するのやむなきにいたった。中国側の言う台児荘の勝利である。

華中では一九三八年二月十四日中支那派遣軍が新たに編成され畑俊六大将が司令官に就任、松井中支那方面軍司令官、上海派遣軍司令官朝香宮鳩彦王《あさかのみややすひこ》、柳川第十軍司令官はいずれも内地に帰還した。また同日陸海軍航空協定が成立し、航空作戦については陸軍が華北、海軍が華南を担当し、華中は陸海軍協同で担当することになった。

大本営は四月七日、北支那方面軍、中支那派遣軍に、協力して徐州方面の敵を撃破するよう下命した。徐州付近、津浦線以東に中国軍大兵力を吸引し、包囲作戦によって退路を遮断したのち徐州を攻略し、敵軍の殲滅《せんめつ》を計る構想であった。南北からする日本軍の徐州攻略戦は順調に進み五月十九日徐州を占領した。しかしすでに十五日、中国は武漢最高軍事会議で勢力保全のため徐州の放棄を決定、第五戦区中国軍に一斉撤退を指示したので日本軍は要衝徐州の占領には成功したが、目的とした中国軍大兵力の捕捉殲滅には失敗した。

近衛内閣は徐州会戦後、内閣の大幅な改造を実施した。五月二十六日に宇垣一成を外務大臣、池田成彬《しげあき》を大蔵大臣、荒木貞夫を文部大臣に任命し、一週後の六月三日には第五師団長板垣征四郎が中国戦場から呼ばれて陸軍大臣となり、杉山と代った。

板垣陸相の次官には東条関東軍参謀長が起用された。まさに関東軍イデオロギーの中央への登場であった。同イデオロギーの中心には国民政府、蒋介石への徹底的な不信があり、華北分立政権の樹立を目指していた。

一方宇垣外相は、中国統一の表徴としての国民政府、蒋介石を高く評価していた。宇垣は「近年における支那の政治的活動の源流に民族国家という強き流れがある。……この流れに乗り出しこれを指導し来たりしものが蒋介石である」「蒋を支持し推進するこの隠れたる気流の大なる力を無視してはならぬ。蔣を没落せしめてもこの空気は依然として消滅すべきではない。われわれはむしろこの気流を増進せしめ、民族国家を強化促進せしめ」と日記に書いていた。入閣にあたっての宇垣の四条件の一つは、「国民政府を対手とせず」声明に「深く拘泥せず」であった。同じ軍人出身とはいえ板垣と宇垣の中国認識は根本的に対立していた。

近衛内閣は改造後の五相会議（首相と外、蔵、陸、海相）で中国政策を決定する方針をとったが、統一的な政策が樹立できるはずがなかった。宇垣外相は香港の中村豊一総領事に接触してきた孔祥熙行政院長秘書喬輔三《きょうほさん》との和平工作を進行させた。国民政府との和平交渉である。中村総領事と喬との香港会談は六月から九月はじめまで続いた。一方板垣陸相は「支那一流人物を起用して……新興政権樹立の気運を釀成」するためまたもや土肥原を起用する。土肥原工作の目標になった唐紹儀は九月三十日上海でテロにより殺害されるというように、近衛内閣の対中国政策は支離滅裂の状況であった。

ここでは当時もっとも卓越した中国認識ならびに対策をもっていた外務省石射猪太郎東亜局長の見解を紹介したい。

石射は一月十六日の「国民政府を対手とせず」声明の誤謬を指摘し、その修正を強く希望した一人であった。内閣改造が実施された六月、石射は「従来の行懸かりに捉はれず国内統制力を尚保持する国民政府を利用して共に大事を談ずる外打つべき妙手なしとの結論」のもと、国民政府、蔣介石を相手として漢口攻略前に和平を達成すべきだと長文の意見書を新外相はじめ外務省首脳に具申した。

日本にとって時局収拾のために残された道は、国民政府を相手とする以外にない、さらに民族的英雄として蔣介石の下野を強制してはならない、というのが石射の主張であった。「国民政府を打ち滅ぼし蔣介石を打ち倒したる暁、その後に来るべき政権は何人をもってしても半身不随の弱体政権たるをまぬかれざるべく、国内の統制を把握しえざる結果、支那全体が政治的に経済的に破産状態に陥り、国内に惹起せらるる混乱無秩序はその極に達し、その間もっとも攪乱に成功するものは組織とイデオロギーを持つところの共産党なるや必せり。この場合においてはわが国は破産管財人の役を引き受け、敗残兵の討伐、地方の靖綏《せいすい》、宣撫、建設、民生の立直しまでやらねばならぬほか、当面の敵として支那共産党を討つを余儀なくせられ、しかして共産党の背後にソ連あるを思ふとき、これが平定には長年月と莫大なる犠牲を払はせられ、日支提携による東亜の安定はおろか、経済開発等も実現困難に陥るべし、ゆゑに日支両国の間にこの時艱《じかん》を救って大局を定むるには、従来の行懸りにとらはれず、国内統制力をなほ保持する国民政府を利用してともに大事を談ずるほか、打つべき妙手なしとの結論に達す、しかしてこの手を打つべき時期は漢口攻略に先立つを要す。何となれば漢口攻略後は情勢に引きずられてふたたび長期抗戦の新たなる段階に踏み込むの恐れ大なればなり」。

宇垣外相はこの意見書の冒頭に、「その所説おほむね本大臣の所見に合致す」と注記した。

宇垣と板垣の対立を決定的にし、宇垣を外相辞任に追い込んだ最大の理由は、宇垣の強い反対を無視して九月末に閣議決定を図った「対支院」設置問題であった。対支院（十二月十六日興亜院として発足）は「所轄事務中渉外事項（第三国関係事項）」では総裁（首相）が外相に事前に協議するとなっているが、中国問題を事実上外務省の執務範囲から除外しようとする発想から出発していた。石射東亜局長が興亜院の設置に強く反対したのは当然であった。石射は対支院について「支那を植民地視するイデオロギーの上に立てられ居るもの」で「かくの如きは対支中央機関と云ふよりも対支経営省と云つた方が名実相伴ふと云ふべし」と仮借ない批判を加えた（「対支時局処理機関に関する意見」九月八日幹部会で協議の後大臣に説明）。

宇垣は九月二十九日に辞表を提出した。板垣と宇垣という対中国構想でまったく相容れない二人の軍人を改造人事で同時に入閣させるという近衛の見識のない思いつき人事の犠牲となったと言えよう。外相は十月二十九日有田八郎が就任するまで、近衛首相の兼任となった。

東亜新秩序

日本が漢口・広東攻略を決定したのは徐州占領の約一ヵ月後、六月十五日の御前会議においてであった。七月四日中支那派遣軍（畑俊六司令官）の隷下に第二軍と第十一軍が編入され、武漢攻略作戦の態勢が整えられた。第十一軍（岡村寧次司令官）は七月一日に南京で編成された。主作戦は第十一軍が担当し、漢口に向けて揚子江右岸を進攻、第二軍は第十一軍の作戦遂行を援助するための牽制を主任務としていた。作戦開始は九月上旬、漢口作戦終了後、広東攻略実施という計画であった。

漢口作戦開始の命令が下ったのは、満州国東部国境南端の張鼓峰で起こったソ連との武力衝突が解決したのちの八月二十二日であった。第二軍が信陽を占領したのが十月十二日、第十一軍第六師団が漢口市内に入ったのが同二十六日である。武漢作戦におけるわが兵力は三五万に達したが、損害は第二軍戦死二三〇〇名、戦傷約七三〇〇名、第十一軍戦死四五〇六名、戦傷一万七三八〇名に達した。

一方、広東攻略を命ぜられた第二十一軍主力は十月九日台湾馬《ば》公《こう》港を出発、十二日白耶士《バイアス》湾に上陸、二十一日中国軍の放棄した広東に突入、占領した。本作戦における日本軍総兵力は約七万であるが、戦死一七三名、戦傷四九三名に止まった。

揚子江中流の政治経済中心地である武漢、華南の貿易港である広東の占領によって日本の全中国にわたる軍事行動は一つの頂点に達した。

近衛首相は十一月三日、声明を発表し、国民政府はすでに一地方政権に過ぎないが、抗日容共政策を続けるならば壊滅するまで矛を収めないとしたうえで、日本の冀求《ききゅう》するのは「東亜永遠の安定を確保すべき新秩序の建設に在り」と日本の戦争目的を闡明した。それでは新秩序とはなにか。「日満支三国相携へ政治、経済、文化等各般に亙《わた》り互助連環の関係を樹立するを以て根幹」とし、日本が中国に望むのはこの東亜新秩序建設の任務を分担することであると強調した。そして、国民政府といえども従来の政策を一擲《いってき》してその人的構成を改善するならば新秩序参加を拒まない、と付け加えた。

同日行なわれた近衛のラジオ放送はより端的な表現を用いてその意図を表明しているので二、三引用したい。「今や広東陥落に引続いて支那内地の心臓漢口も亦《また》わが有に帰し近代支那の全機能を支配する七大都市の全線（マヽ）を抱擁する膨大な地区即ち所謂中原《ちゅうげん》は全く日本軍の掌中にあるのであります。……今や支那を如何やうに処置するともその鍵は全く日本の手にあるのであります。併《しか》しながら日本が真に希望するところのものは支那の滅亡にあらずして支那の興隆にあるのであります」「（国民政府が）政権維持のためには手段を選ばず支那の共産化並《ならび》に植民地化の勢ひを激成して顧みなかつたことは、新支那建設のため身命を賭して戦ひたる幾多憂国の先輩に対する反逆であると言はなければなりません。これ日本が東亜における二大民族同文相搏《う》つの悲劇を演ずるを欲せざるに拘らず、なほかつ蔣政権打倒のために矛を取つて起つに至りました所以《ゆえん》であります。日本は今や支那の覚醒を望んでやまざるものであります」。

そして列国に対しては「世界各国は又この東亜に於ける新情勢の展開に対し明確なる認識を持

つべきであります。従来支那の天地が帝国主義的野心に基き列強角逐の犠牲となり遂にその平和と独立とを脅威せられつつありしことは歴史に徴し明白であります。日本は今日以後斯《か》くの如き事態に対し根本的修正の必要を認め正義に基く東亜の新和平体制を確立せんことを要望するものであります」と新秩序への理解を要求した（『支那事変関係公表集』第三号）。

十一月十八日、有田外相（十月二十九日就任）がグルー駐日アメリカ大使の抗議（十月六日）に対する回答で、日本が東亜新秩序の建設に全力を挙げて邁進しているとき「事変前の事態に適用ありたる観念ないし原則を以て其の儘《まま》現在および今後の事態を律せんとすることは何等当面の問題の解決を齎《もたら》す所以に非ざるのみならず又東亜恒久平和の確立に資するものに非ざることを信ずる」との画期的な内容の通告を行なった。ワシントン会議（一九二一—二二）の中国に関する九カ国条約などが謳《うた》い、日本も承認していた「門戸開放、機会均等」などの中国に関する歴史的原則に対し、日本が正面からその非現実性を指摘し、異議を唱え、修正を要求するのはこれが初めてであった。近衛もさきのラジオ放送で「事実上不均衡なる現状の維持を鉄則化し固定化」するものとして国際連盟規約などの不合理を非難していた。

有田外相は十二月十九日、外国人記者会見で東亜新秩序は「経済的には世界一般に広く行はるる関税障壁の傾向並びに経済的手段を政治目的に使用せんとする傾向に対し自衛手段を講ずる」ものと説明した。「資源の少なき日本、マーケットをその国内に持たざる日本、又経済的に力弱き支那としては相倚《よ》り相助けて必要物資の自給自足政策に必要なる生産の確保を計り万一の場合に於けるマーケットの確保を期することはその存立上不可欠と認めるものにしてその範囲に於て東亜以外の各国の経済活動の制限さるることは之を認めざるを得ず、換言すれば将来支那に於ける各国の経済活動は新体制によつて結合さるる三国の国防及経済的自主達成に必要なる制限を受くべきものにして且政治的特権を伴ふものならざることを必要とする」と、列国の中国における経済活動が制限を受けることを明らかにした。

東亜新秩序声明にもっとも強く反発したのは目標とされた国民政府、蔣介石であり、また英米など列国も同じであった。蔣介石は十二月二十八日、東亜新秩序の目的は赤禍を防止することにあるとの名目で中国を軍事的に管理し、東洋文明を擁護するという名目で中国の民族文化を消滅させ、経済防壁を撤廃するという名目で欧米勢力を排除して太平洋を独占しようとするもので、簡単にいえば日本は東亜の国際秩序を覆し、中国を奴隷化して太平洋を独覇し世界の分割支配を意図している、と厳しく「東亜新秩序」を批判した。

アメリカも十二月三十一日の覚書で「(日本が) 条約上の誓約並に他の関係諸国の有する厳然たる権利を無視して、その国自身の選択せる手段により、極東に於けるいわゆる『新秩序』を専断的に創造するが如き方向に乗り出した事実は米国政府の承認し得ざるところである。米国政府は如何なる一国に対してもそれが自らその主権に属せざる地域に於ける『新秩序』の条件の何たるかを指示し、また当該国自体の権力の専有者となし、且右に関して自らを運命の決定者なりとなすが如きことの必要性又は正統性を容認しない」との新秩序否認の態度を明らかにした。

最後に近衛内閣が同じころ十一月三十日の御前会議で決定した「日支新関係調整方針」の内容を整理して掲げたい。

一、全中国にわたる要求

(1)中国の政治形態は分治合作主義をとる（強力な統一中央政府をつくらないことを意味する、筆者註）。

(2)中央政府に少数の顧問を派遣する。

(3)中国の軍隊、警察に顧問を派遣、武器を供給する。

(4)防共軍事同盟を締結する。

(5)全中国にわたる航空事業、中国沿岸の主要海運、揚子江水運は日中協力の対象とする。

(6)日本国民の戦争後の損害を賠償する。

二、さらに加重される地方的要求

(1)蒙疆　高度の防共自治区域、かつ経済上の日中強度結合地帯と指定。日本は駐兵権と鉄道、航空、通信、水路の監督権をもち、所要の機関に顧問を配置する。

(2)華北　経済上の日中強度結合地帯と指定。日本は治安確立まで駐兵権と鉄道、航空、通信、港湾、水路の監督権をもち、所要の機関に顧問を配置する。青島を特別行政区域とする。

(3)華中　揚子江下流を経済上の日中強度結合地帯と指定、所要の機関に顧問を配置する。上海、南京、杭州を結ぶ三角地帯に治安確立まで駐兵権ならびに鉄道、航空、通信、港湾、水路の監督権を保留、揚子江沿岸特定地点に艦船、部隊の駐屯権。上海を特別行政区域とする。

(4)華南　沿岸特定島嶼および関連地点に艦船部隊の駐屯権。厦門《アモイ》を特別行政区域とする。

満州国の正式承認、排日の禁止などはいうまでもなく、また上海、青島、厦門の特別行政区域の意味は、市政の中枢に日本人を直接参与せしめることであった。

この御前会議という最高機関の決定した方針は、日本による全中国の独占管理そのものと言ってよい内容である。そしてその実行機関として設置されたのが宇垣外相辞任の大きな契機となった興亜院（対支院）である。

十二月十六日、興亜院およびその関連官制が勅令で公布され、即日施行をみた。総裁は首相で、中国において処理を要する政治、経済、文化に関する事務、その諸政策樹立に関する事務、中国に関する国策会社、業務の統制に関する事務などはすべて興亜院の管轄である。中国に関する「純外交」事務のみが外務省に残された。

興亜院総務長官には柳川平助陸軍中将が就任した。各下部機関の長官および担当地域（翌一九三九年三月決定）は次の通りである。

華北連絡部長官　陸軍中将　喜多誠一　中華民国臨時政府の管轄する区域
蒙疆連絡部長官　陸軍少将　酒井隆　蒙疆連合委員会の管轄する区域
華中連絡部長官　海軍中将　津田静枝　中華民国維新政府の管轄する区域
厦門連絡部長官　海軍少将　水戸春造　厦門島及びその付近

各連絡部長官は臨時政府、蒙疆連合委員会、維新政府（一九三八年三月二十八日南京に成立）等のそれぞれ最高顧問、実質上の支配者として辣腕を振るっていた軍人である。

かくして日本の中国独占体制は内容も形態も整った。しかし一歩現実を直視すればそれがきわめて脆弱な足場にたっていることも明らかであった。

英米など列国の抗議が集中した揚子江閉鎖問題を例にとってみよう。大動脈揚子江から列国船舶を閉め出し、軍事用御用船舶の名義において日本船にのみ航行を認めている不合理に各国の非難、抗議が集中した。アメリカ大使グルーは十一月九日漢口作戦が終了し多数の日本船舶が漢口まで遡江しているとし、上海・漢口間におけるアメリカ人の通商、船舶に加えられている制限を直ちに解除するよう要求した。有田外相は南京の日高総領事に現状について諮問したが、日高は「揚子江の無制限開放が経済上不可なる所以」を次のように答えている（十二月一日、上海発三五九二号）。

一、揚子江は中支を東西に貫く大動脈にして揚子江港運の制覇は我対支政策の一眼目たらざるべからざる処《ところ》我海運の準備なくして之を無制限に開放するに於ては英国等の海運をして跳梁《ちようりよう》せしむる結果となる。

二、占領地内の治安確保充分ならざる今日に於ては日本商船及商人は日本軍が駐屯する地方に於てのみ積込、積卸並に商売が出来るも然《しか》らざる場所に於ては外国船及外国人に壟断《ろうだん》せらるべく後述の通貨問題と相俟《あいまつ》て日本軍駐屯地には特産物の出廻りなくなり実際上日本商船及商人は商売不可能となる惧《おそ》れあり。

三、外国商人は豊富なる法幣資銀を擁し之を以て物産の買付に当るべく日本商人は後述の理由に依り軍票を以て成るべく買付を強要せられ居るが若し已むを得ず法幣を以て買付けんとするも法幣獲得の途少く……従て物資買付は外国人の壟断する所となるべし。

四、右の如く物資買付に外国人が自由に法幣を使用することとなり他面軍票に依らずとも生活必需品が購入可能となるに於ては民衆は軍票を受取ることに反対すべく一旦受取を強制せられたる軍票は速に処理することに努む。従て軍票の価値は崩落の外なかるべし……

揚子江の開放は日本にとって直ちに占領地経済の崩壊に繋がる問題であったのである。

さて武漢、広東の攻略後、十一月三日近衛首相は「東亜新秩序声明」を発表して日中戦争の戦争目的を闡明することができ、翌十二月二十二日の声明（新和平条件公表、一一八ページ）に対しては、蔣介石に次ぐ国民政府、国民党の領袖汪兆銘の重慶脱出、近衛声明への呼応があった。盧溝橋事件の勃発後全面戦争に発展し、しかも収拾の見通しもない現状を苦悩してきた近衛は、今この時期を自らの退陣の好機と選択した。彼は年が明けて一九三九年一月四日総辞職を敢行した。

いずれにしても日中戦争は開始以来十八ヵ月をもって第一段階を終り、第二段階に入るのである。

中間内閣――平沼・阿部・米内――の時期

近衛内閣が総辞職して平沼内閣が成立するのが一九三九年一月五日、第二次近衛内閣の成立が一九四〇年七月二十二日、この間の十九ヵ月を担当したのが平沼（八ヵ月）、阿部（四ヵ月余）、米内《よない》（六ヵ月余）の三内閣でいずれも短命であったので、当面の事態、とくにノモンハン事件、日米通商条約廃棄、第二次世界大戦の勃発、ドイツのオランダ、フランス席捲、日独提携強化問題など外部からの激動に対処するのが精一杯の状況であった。

中国の戦局は一九三八年秋の武漢、広東の攻略により一段階を画した。十二月六日省部（陸軍省、参謀本部）決定の「昭和十三年秋季以降対支処理方策」は新段階に対する陸軍の方針といってよい。すなわち漢口、広東の攻略を以て武力行使に一期を画し、爾後は自主的に新支那の建設を指導することを方針としたのである。具体的には今後は占拠地拡大を企図せず、占拠地を、安定確保を主とする「治安地域」と抗日勢力潰滅施策を主とする「作戦地域」に区分した。

治安地域

北部河北省、包頭以東の蒙疆地方、正太《せいたい》〔正定―太原〕線以北の山西省殊に太原平地、山東省の要部〔膠済《こうせい》沿線地方〕、上海・南京・杭州三角地帯で、この地域には治安回復のため充分な兵力を固定配置しかつ長期自給の態勢をとるとともに主要交通線〔津浦線、京漢線北段、同蒲線〔山西〕等〕を確保する。

作戦地域

治安地域以外の占拠地域を作戦地域とし、武漢および広東地方にそれぞれ一軍を配置し、政戦略上抗日勢力制圧の根拠とする。配置兵力は必要最小限度〔戦史叢書『支那事変陸軍作戦二』〕。

一九三九年九月、支那派遣軍総司令部を南京に設置することにし、総司令官に西尾寿造《としぞう》大将、総参謀長に板垣征四郎を任命した。中支那派遣軍は廃止され、総司令官の隷下に北支那方面軍、第十一軍、第十三軍、第二十一軍が置かれることになった。

一九三九年に入って主な作戦としては海南島占領〔二月〕、南昌攻略〔三月―五月〕などがあったが、阿部信行大将が八月組閣直前、「昨年の暮から只今までに戦さらしい戦さはないのでありますす。すなわち、もう階段の段を踏むようにはなって居らないのであります。ただ平らであるが如く、斜めであるが如く、坂道をずるずる引摺られつつ上って行かなければならぬ。見渡すかぎり、何処で一歩踏み止まるようなところは、見えぬといってよいのであります」と講演しているように、泥沼に入り込んだ日中戦争という意識が強まったのである（草柳大蔵『斎藤隆夫かく戦えり』）。

中間内閣十九ヵ月間の最大の課題は泥沼化した日中戦争をいかに収拾するかであり、対立の争点は、戦争収拾の方途を独伊枢軸との提携強化に求めるか、あるいは英米との協力に求めるかであった。自力による解決に自信を喪失し、もっぱら解決を第三国との提携・協力に依存する傾向が顕著となった。

平沼騏一郎《きいちろう》内閣は五相会議で独伊との軍事同盟の対象にソ連のみならず英仏を含めるか否かで果てしない議論を繰り返したが、板垣陸相は一九三九年五月七日の五相会議で独伊との提携強化の目的を次のように述べた。

一、目下日本の重要国策たる支那事変の遂行に利する為めなり、而して今支那を助け居るものはソ及び英なり、本協約を結ぶは彼等を欧州に於て牽制せんが為めなり。

二、現在支那事変の解決出来ざるはソ、英の援助による。ソ、英に気兼ねする様の態度を取れば取るほど解決は不可能、これが為めソ、英の感情を害すること大なるも止むを得ぬ次第なり、協約を積極的に利用する所以なり。

もし独伊との協約が不成立となれば、「支那事変の目的達成に不利となり遂には満州迄も失ふこととならん」「要するに日支事変解決の為め（独伊と）協定を結ぶは必要のことなり」というのが板垣の結論であった。板垣によればドイツとの提携強化は日中戦争解決のため必須の手段であった。

四月、天津のイギリス租界で発生した臨時政府要人暗殺テロの犯人引き渡しを租界当局が拒否したため、日本軍は六月十四日から英仏租界の封鎖を実施し、日英間の大きな外交問題に発展した。現地天津での日本軍側の強硬な態度に鑑み、クレーギー駐日イギリス大使は交渉の場を東京に移すことを提議、有田外相も同意した。

平沼内閣はまずイギリス側をして中国における現実の事態を認識させ、そのうえで天津租界に関する治安、経済問題に移るという二段構えの交渉方針を立てた。七月十五日から有田・クレーギー会談が開始され、二十二日、中国の現実の事態に関する一般的諒解の成立をみた。

「英国政府は大規模の戦闘行為進行中なる支那における現実の事態を完全に承認し、また、かかる状態が存続するかぎり支那における日本軍が自己の安全を確保しその勢力下にある地域における治安を維持するため特殊の要求を有すること、ならびに日本軍を害し、またはその敵を利するがごとき一切の行為および原因を排除するの要あることを認識す。英国政府は日本軍において前記目的を達成するにあたり、これが妨害となるべきなんらの行為または措置を是認するの意思を有せず」

この諒解についてイギリス側は、単に中国における現実の事態を承認するものであってイギリスの中国政策の変更を意味するものではないとし、日本側はこれは政策の基本的変革であって今後イギリスが蔣介石政権にクレジットを提供することも協定違反となるとの拡大解釈をとった。いずれにせよ、イギリスが日中戦争に関して一歩後退した対応を示したことは否定できなかった。

二十六日、アメリカのハル国務長官は堀内謙介大使を呼び一九一一年（明治四十四年）締結の日米通商航海条約を廃棄すると通告した。この突然の通告に日本は重大な衝撃を受けた。もし半年後廃棄が実施され日米が無条約時代に入れば日中戦争遂行上必須の軍需資材をはじめ物資の調達に大きな障害を来すことは明らかであった。

さらに八月二十三日ドイツは、日本とともに明らかに仮想敵国としたソ連と突如不可侵条約を締結した。平沼内閣は、ヨーロッパの事態の理解し難い複雑怪奇を理由に二十八日、総辞職した。

次の阿部信行（陸軍大将）内閣は、組閣直後の九月一日に勃発した第二次世界大戦に不介入を声明し、日中戦争の解決に邁進することとなった。新任した野村吉三郎外相（海軍大将、九月二十五日就任）の最重要外交課題はアメリカの通商条約廃止通告にいかに対応するかにあった。翌年一月二十六日までに条約が更新されなければ日米両国はかつてない無条約時代に入るのであった。

野村外相は、日本軍の中国占領地において経済再建工作がまったく行き詰まっている状況を深く憂慮していた。

「中支はもとより北支における経済開発の核心をなす国策会社の事業すなはち鉄道その他の交通、通信、鉱山、電力拡充などのいはゆる基礎的産業の現状は、いづれも機材の不足のため、これが計画の実行は遅々として進まず、当分お預けの形にあり。これが打開のためには勢ひ外国側の実物出資を認め、極力これを誘致するのほか道なし」と判断した。英米からの資本を誘致して破綻しつつある占領地経済を軌道に乗せるためには日米無条約時代の到来はなんとしても回避しなければならなかった。

十一月四日から野村はグルー駐日アメリカ大使と国交調整のため会談を開始した。野村の強い主張により、内閣も十二月八日の興亜院会議で、揚子江の南京から下流を翌年二月以降開放する方針を定め、十八日グルーに通告し、条約失効前に暫定協定の締結を申し入れた。

しかしグルーは十二月二十二日、日本の希望する暫定協定の締結を拒否した。現在日本軍の占領する中国の広大な地域で為替、通貨、貿易などについて全面的な制限や差別待遇が日本政府ならびに出先官憲によって実施されている限り協定の締結は不可能、というのが拒絶の理由であった。

阿部内閣は年が明けて一九四〇年一月、わずか四ヵ月余で倒れ、米内光政（海軍大将）内閣に代った（一月十六日）。外相には有田が就任した。日米通商航海条約は一月二十六日失効、日米は無条約時代に入った。

開戦以来静謐《せいひつ》が続いていたヨーロッパの戦場は五月に入って激動を始めた。ドイツ軍はオランダ、ベルギーを席捲し、イギリス軍は二十六日ダンケルクからの撤退を開始した。六月十四日にはドイツ軍はフランスの首都パリに進駐したのである。日本はこの好機に乗じ、英仏にビルマルート、香港、仏印経由の中国向け軍需品輸送の停止を迫った。

有田外相がグルー大使の希望で東京某所で内密の会談を行なったのはこのころ、六月十日である。グルーはこれまで自分はたびたび日米の親善関係回復には空爆、侮辱、通商制限によるアメリカの中国権益侵害の除去が先決だと申し出てきたが、それだけでは充分ではないと前提し「自分は此際特に根本的なる親善関係は日本が武力を以て国家的目的を達成せむとする限り之を期待することを得ざることを強調したし」と日本の政策の根本的変更を促した。

さらに明確なアメリカの意向は、一カ月後の七月十一日にグルーが本国の意向として有田外相に提出した次の文書で明らかとなった。

「日本は間もなく次の二個の根本問題に関し決定をなさざるべからざるべし

イ、日本は自己の一時的利益のため現に疲弊し且低度の生活標準及生産力を有する地域の商業及資源を確保利用するに止まるべきか或は永久的利益を齎《もたら》すため自国並未開発地域の経済建設上他国と協力して一切の技術、資本及進歩的経済指導等を利用すべきや。

ロ、右と関連し日本は武力に依る領土獲得政策を堅持する諸国と協調するや否や、武力政策は占領地域を貧困ならしめ且資本、及技術の利用による進歩的社会経済発展上他国との協力を不可能ならしむべし」

米内内閣にはこのアメリカの重大な問いかけに答える決意も時間もなかった。わずか五日後には倒壊のやむなきにいたるのである（七月二十二日第二次近衛内閣成立）。

汪兆銘工作

国民党の領袖としては蔣介石につぐ名望のあった汪兆銘が重慶を離れたのは一九三八年十二月十八日で、当日昆明に到着、四川省主席龍雲以下の出迎えを受けた。翌十九日午後昆明出発、仏印河内《ハノイ》に着いた。同行したのは夫人陳璧君《ちんへきくん》、周仏海、曾仲鳴《そうちゅうめい》、陶希聖など十余人である。昆明出発の時、「対日和平交渉の約あり、香港に赴く」と龍雲に告げた。

汪兆銘が出馬を決意した理由は時局の前途をめぐる蔣介石との確執、目覚ましい共産党擡頭への憂慮などが挙げられようが、決定的な要素としては、十一月二十日上海東陸戦隊路土肥原公館で成立した「日華協議記録」（秘密）の存在がある。日本側影佐禎昭大佐（陸軍省軍務課長）、今井武夫中佐（参謀本部支那班長）と中国側高宗武（前外交部亜州司長）、梅思平の間で調印された。

一、日華防共協定の締結。

イ、日本軍の防共駐屯を認め、内蒙を防共特殊地域とする（連絡線確保のため平津地方に駐屯)。
二、満州国の承認。
三、日本人の中国内地における居住、営業の自由を承認、治外法権の撤廃、租界の返還を考慮。
四、経済合作に日本の優先権を認め特に華北資源の開発利用について特別の便利を提供。
五、戦費の賠償を不要求。
六、協約以外の日本軍は即時撤退開始。二年以内に撤退を完了。中国は本期間内に治安の確立を保障し且駐兵地点は双方合議の上決定。
近衛首相は汪の重慶脱出に呼応して十二月二十二日に声明を発表し日本の和平条件を明らかにした。
一、満州国の承認。
二、日支防共協定の締結。
イ、特定地点における日本軍の防共駐屯。
ロ、内蒙を特殊防共地域とする。
三、日本人の内地における居住、営業の自由を容認、治外法権撤廃、租界返還を考慮。
四、北支、内蒙における資源開発に日本に積極的に便宜供与。
五、領土、賠償の不要求。

この近衛声明が「日華協議記録」を下敷きにしていることは明らかである。重大な相違点はしばしば指摘されるように、近衛声明が協議記録に明示された日本軍の「撤兵問題」について触れていない点である。

近衛声明が日本軍の撤兵を無視したのは重要であるが、さらに問題なのは十一月三十日の御前会議で決定をみた「日支新関係調整方針」（一〇六ページ）との関係であった。「日支新関係調整方針」は前に列挙したように政体の分治合作主義の採用、華北および南京・上海・杭州三角地帯への治安駐兵、揚子江下流地域の経済上強度結合地帯設立、駐兵地域における鉄道・航空・港湾の日本側監督権、顧問派遣など、近衛声明や協議書類にない多くの重要項目が載っていた。もちろん汪兆銘の知るところではない。

汪は二十五日、駐英大使郭泰祺《かくたいき》に電報を送り、日本の講和条件は亡国的なものではないので、和平を図り共産禍を防ぐためにしばらく重慶を離れる旨を伝えた。蔣介石は二十六日近衛声明の欺瞞を徹底的に批判するとともに、今回の汪のハノイ行きは転地療養が目的で、まったく政治的な意味はないとの談話を発表した。しかし汪は三十日香港の『南華日報』に艶電（艶は二十九日の電信略号）を発表、近衛声明を根拠として日本と和平交渉に入ることを明らかにした。一九三九年元旦、国民党は汪の党籍を永久に剝奪し一切の職務を解任すると発表した。汪にとって最初の大きな打撃は一月四日突然発表された近衛内閣（第一次）総辞職のニュースであろう。汪の期待した西南諸派の反応がほとんどなかったことも汪を失望させた。

三月二十一日には国民党の特務が汪を襲撃し、誤って汪の信頼厚かった曾仲鳴を殺害したことは汪に大きな衝撃を与えた。汪は五月六日、ハノイから上海に入り、同月三十一日には周仏海、梅思平、高宗武、董道寧らを帯同して海軍機で空路追浜《おっぱま》飛行場に到着した。

東京で汪は平沼内閣の閣僚をはじめ近衛枢密院議長とも会談したが、板垣陸相との会談(六月十五日)で汪側が既成政府(臨時、維新両政府)の名義取り消しを申し出たのに対し板垣は、既成政府の名義は廃止しても実体は存続させると語って、汪の反駁を招いた。汪はもし両政府の実体を残すのならばむしろ中央政府の組織を延期すると述べたのである。板垣の発想は「調整方針」に明示されていた政体の「分治合作」主義に基づくものである。

平沼内閣は汪来日中の六月六日「中国新政府樹立方針」「汪工作指導要綱」を五相会議で決定した。そのなかで新中央政府の構成分子に「調整方針」をあらかじめ受諾させることが決定された。つまり日本の和平条件は「近衛声明」とか「協議記録(影佐・高宗武協定)」ではなく御前会議決定の「日支新関係調整方針」であることが確認されたのである。六月十八日に離日した汪は華北、華中、華南を巡回して中央政権樹立について各方面の意向を打診した。九月になると十二日支那派遣軍総司令部が南京に設置され、前陸相板垣が総参謀長として赴任してきた。

「調整方針」の内容を汪側にあらかじめ承認させるための交渉は十一月一日から上海で開始され

た。日本側代表は影佐少将、須賀海軍大佐など、汪側は周仏海、陶希聖などであった。提出された日本案を見た汪側は、その要求があまりに広範囲かつ苛酷なのを知って驚愕した。交渉の中心の一つ日本軍駐兵問題を採り上げたい。

日本案では日本軍は防共のため蒙疆と華北の要地に駐屯し（防共駐兵）、それ以外の日本軍はなるべく早く撤収するが、しかし華北と南京・上海・杭州三角地帯には治安確立まで駐屯し、揚子江沿岸特定地点と華南沿岸特定島嶼にも艦船部隊を駐屯させることになっていた。

汪側はまず防共駐兵に関して、前年の影佐・高宗武協定によれば内蒙と平津地方となっていることを指摘し、日本案の「北支」を滄州・石家荘・太原を連ねる線以北に限定するよう要求した。汪側としては非常な譲歩である。しかし日本側は山東省を加えることを要求し、結局防共駐兵は蒙疆のほか正太（正定―太原）鉄道以北の山西省北部、河北省と膠済（山東）鉄道沿線（済南を除く）となり影佐・高協定とは比較にならない広汎な地域が指定された。さらに日本軍は、揚子江下流地域に治安確立まで駐屯するのである。

経済問題についても華北における埋蔵資源の開発（影佐・高協定で承認）に加えて、全中国における航空事業、華北の鉄道（隴海《ろうかい》線を含む）、主要海運、揚子江水運などを日中経済工作の重点とすることを要求した。

汪側代表の一人梅思平が第一回会議で日本の提出した要求を見て、ワシントン会議以後日本は中国の門戸を閉鎖されたが今度は日本が列国を閉め出すだけでなく中国人をも閉め出すものと批判したが、言い得て妙であった。

汪側はもちろん執拗に日本の要求の修正を試みたが、結局占領地政権の枠を超えることはできず、十二月三十日「日華新関係調整要綱」が成立した。

翌一九四〇年一月六日汪側の中心人物であった高宗武と陶希聖が上海を脱出して香港に赴き、日本の提出条件を暴露し、汪政権の完全な傀儡化を全国に訴えた。この暴露は汪工作に深刻な打撃を与えるとともに、逆に困難を凌ぎながら対日抵抗を続ける蔣介石への中国人の信頼を高め、日本の日中戦争収拾の道をいよいよ困難にした。

汪国民政府は三月三十日、還都という形で南京に樹立された。中央政府の樹立とともに維新政府（一九三八年三月二十八日南京で成立）は解消されたが、臨時政府は「華北政務委員会」と改称はしたものの、事実上存続した。華北政務委員会は国民政府の委任を受け、河北、山東、山西三省および北平、天津、青島三市の防共、治安、経済、その他の政務を処理することになった。

同日華北政務委員会が発した布告は重要な意味をもっていた。

一、従来臨時政府に於て弁じたる事項は本会に於て之を継承し暫時現状を維持するものとす。

一、従来臨時政府の統轄区域内に於て実施せられたるところの政治、経済、金融、建設等の各種工作は何れも従前通り処理し本会の開設により変更せざるものとす。

さらに「国民政府政綱」第八条に中央銀行を設置し幣制を統一するとあるが、臨時政府成立にかかわる中国連合準備銀行はなんら影響を受けず、該銀行発行の各種紙幣も従前どおり流通すると付け加えた。

委員長は臨時政府の王克敏である（六月辞意を表明、王揖唐《おうゆうとう》に代る）。臨時政府は華北政務委員会と改称はされたが、実体は変わらずに継続していることは明らかであった。日本は十一月三十日汪国民政府と基本関係に関する条約を締約し、中国中央政府として正式に承認した。この条約には重要な秘密協約、秘密協定が付属し、いわば汪国民政府は最初から半身不随の状態で出発せざるを得なかったのである。

第二次近衛内閣の成立

一九四〇年一月に成立した米内内閣をわずか半年で倒したのは陸軍の総意であった。沢田茂参謀次長は七月四日畑俊六陸相を訪ね閑院宮載仁《ことひと》総長の捺印のある文書を手交した。それには「強力なる内閣」（近衛）を組織するため米内内閣を倒すべく、「陸軍大臣の善処を切望す」と書かれていた。畑陸相は七月十六日正式に米内に辞職を勧告した。これに対し米内は逆に畑陸相の辞職を求め、畑が準備してあった辞表を提出すると直ちに後任の推挙を求めた。畑は部内の意見をまとめ、午後後任の推挙を拒否し、ついに米内内閣総辞職となった。

第二次近衛内閣は七月二十二日外相松岡洋右、陸相東条英機、海相吉田善吾（留任）、蔵相河田烈《いさお》を主要閣僚として出発した。七月二十六日の閣議で「基本国策要綱」を採択したが、その根本方針は「皇国の国是は八紘《はっこう》を一宇とする肇国《ちょうこく》の大精神に基き……先づ皇国を核心とし日満支の強固なる結合を根幹とする大東亜の新秩序を建設する」にあった。二十七日の大本営政府連絡会議で決定をみた「世界情勢の推移に伴ふ時局処理要綱」の最大の眼目は、支那事変処理が終ってなくとも「南方問題解決の為武力を行使する」ことを確認した点にあった。

三十日、天皇は「近衛首相は支那事変は中々片付かないと見て居るものの如く、寧《むし》ろこの際支那占領地域を縮小し、南方に向はんとするものの様だ。言ひ換へれば、支那事変の不成功による国民の不満を、南方に振り向け様と考へて居るらしい。陸軍は好機あらば支那事変其の儘《まま》の態勢で南方に進出しようと云ふ考へらしい」と木戸幸一内大臣に洩らしているが、まさに核心を突く批判であった。天皇の憂慮を蓮沼蕃《しげる》侍従武官長から聞いた沢田茂参謀次長は「日本の国力は支那事変に投入されて余力が乏しい。自力で南方解決などは考えていない。あくまで他人の褌《ふんどし》で相撲をとるつもりである」と答えた。

松岡外相は八月一日、現下の外交方針は日満支を一環とする大東亜共栄圏の確立にあるとの談話を発表し、記者会見で大東亜共栄圏に仏印、蘭印が含まれるのはもちろん、と注釈した。

九月六日ドイツからスターマー特使が東京に到着した。十四日朝、松岡外相を中心に大橋忠一次官（心得）、東条陸相、阿南惟幾《あなみこれちか》次官、武藤章軍務局長、沢田茂参謀次長、及川古志郎海相、豊田貞次郎次官、近藤信竹軍令部次長など陸海の首脳が集まって対策を協議した。この席上松岡外相は戦争を回避するためには独伊ではなく英米と手を結ぶことも不可能ではないが、「然し其為には支那事変は米の云ふ通り処理し東亜新秩序等の望はやめ少くとも半世紀の間は英米に頭を下げるならいい、それで国民は承知するか、十万の英霊は満足できるか……況《いわん》や蔣は抗日では無く侮日排日一層強くなる、中ブラリンではいかぬ、即ち米との提携は考へられぬ、残された道は独伊との提携以外に無し」と発言し、陸海の同意を得た。支那事変処理と独伊との提携がここでも短絡的に結びつけられていた。

九月二十七日ベルリンで日独伊三国同盟が調印された。内閣成立後わずか二ヵ月である。平沼内閣以来、不断に対立と論議を重ねても決着にいたらなかった重大懸案が一挙に解決をみた。同盟の締結によりドイツと死闘を展開している英仏ならびにその背後にあって支援を惜しまないアメリカとの対立は決定的なものとなった。

アメリカは九月三十日屑鉄、屑鋼の輸出を統制する法律を発布した。堀内大使は十月八日、ハル国務長官を訪ね、この規則は実質的な禁輸であり差別措置で日本を対象とする非友誼的行為であると厳しく抗議した。そして非公式文書で、日本の貿易に対する度重なる制限措置は日米関係の将来を予測し難いものにすると通告した。この抗議にハルは不快感を隠さなかった。ハルは屑鉄、屑鋼に対する規制は国防上の見地からアメリカ政府の正当な機関が決定したもので、他からの容喙《ようかい》を許すものではないとしたうえ、中国においてアメリカ市民の財産その他の権益を侵害し無視する日本のような国が差別的措置としてアメリカに不満を述べるなど驚くべきことだ、と激しく応酬した。

イギリスの日独伊三国同盟成立への反応も早かった。ハリファクス外相は十月四日ビルマルートを再開し中国援助物資の輸送を再開すると中国に通告するよう、カー大使に命じた。同ルートは日本の要求により七月十八日から三ヵ月の予定で閉鎖されていたのである。

日独伊三国同盟の締結は日中戦争処理方式に大きな転換期をもたらした。

十月十日に参謀本部第一部長に就任した田中新一少将は、参謀本部の空気が日中戦争の直接解決を絶望視し関心が南方に集中していることに驚いたと回想している。

重慶直接和平工作として陸軍が中央、現地を通じてその成立をもっとも期待していた桐工作《きりこうさく》の終結を決定した直後であるから、田中がそう認識したのも無理はないかもしれない。

この年二月から具体化した重慶とのいわゆる「宋子良」和平工作（桐工作）は近衛内閣成立のころ最終段階に達していた。澳門《マカオ》で宋側と折衝していた参謀本部今井大佐、鈴木卓爾中佐等は協議に上った板垣、汪、蔣の三者会談を実現可能と判断、帰国のうえ八月二十二日近衛首相に会見し、蔣宛の親書の交付を要請、近衛は親書ならびに写真を与えた。近衛は二十四日原田熊雄（西園寺公望《きんもち》秘書、貴族院議員）に、「あるいはだまされるかもしれない。その手紙を以て、日本もこんなに弱っているという宣伝に使われるかも知れないが、それもやむを得まい」と語った（『原田日記』第八巻）。鈴木は親書を持って直ちに香港に帰り、三十一日宋子良との会談に臨んだ。しかし九月に入っても工作は一向に進展せず、非常な熱意で成果を期待していた支那派遣軍も九月二十八日本工作を断念するにいたった。本工作は藍衣社の戴笠《たいりゅう》の指揮下に行なわれた対日謀略工作であり、宋子文の弟宋子良と称した者ももちろん偽者であった。和平のイニシアティヴは中国側の掌握するところであった。

さて新任の田中第一部長も加わった十月二十三日開催の省部首脳会議（杉山参謀総長、沢田次長、東条陸相、阿南次官）は南方問題を武力を使用してでも解決し、英米依存経済から脱却して自給圏を確立することが「大東亜建設の捷道たると共に、実に支那事変解決の為残されたる最大の手段」という認識で一致したのである。

十一月十三日御前会議が開かれ「支那事変処理要綱」の決定をみた。「近時に於ける国際情勢の趨向は動《やや》もすれば重慶側をして情勢は寧ろ日本に不利なるが如き感を抱かしめ」との認識のもとに和平基礎条件は次のように決定された。

一、満州国の承認（方式、時期は考慮）。

二、抗日政策を放棄し日本と共同して東亜の防衛にあたること。

三、東亜防衛の見地から、蒙疆および北支三省に軍隊駐屯、海南島および南支沿岸特定地点に艦船部隊駐留。
四、前項地域における国防上必要資源の開発利用。
五、揚子江下流地帯三角地帯一定期間保障駐兵（状況により機宜取捨）。

左記

汪、蔣両政権の合作は国内問題として処理。
経済合作は平等主義、形式的には支那側の面子《メンツ》を尊重。
経済に関する現状の調整は混乱を起こさないよう処理。

この条件を第一次近衛内閣がわずか二年前の一九三八年十一月三十日同じく御前会議で決定した「日支新関係調整方針」（一〇六ページ）と比較すると内容、表現ともに柔軟かつ宥和的に変化していることが判明する。

ちなみに十一月現在の支那派遣軍の兵力は、

北支　九個師団と十二個旅団　二五万人
中支　第十一軍　八個師団と二個旅団　二一万八〇〇〇人
　　　第十三軍　四個師団と四個旅団　七万八〇〇〇人
南支　三個師団と三個旅団　一六万六〇〇〇人

定員外　一万六〇〇〇人　　　　　　　　　　　総計　七二万八〇〇〇人
航空部隊　北支　八個中隊　　中支　六個中隊　　南支　六個中隊　計二〇個中隊
（「派遣軍真田穣一郎参謀の情勢報告」）

三年有余にわたって大兵力を中国大陸に釘づけにし、講和条件を緩和してもなお収拾の見込みもない現状を、近衛首相は三国同盟の締結、南方進出による自給圏の確立でどのように打開する成算をもっていたのであろうか。

松岡外相の企図したドイツ利用の和平工作も対重慶直接工作（いわゆる銭永銘工作）も結局端緒をつかめず失敗し、十一月三十日、日本は汪兆銘国民政府と基本条約を調印、同政府を中国中央政府として正式に承認した。

米英は直ちに汪政権否認を公表する一方、アメリカは一億ドル、イギリスは一〇〇〇万ポンドの借款を中国に提供すると発表した。

蔣介石は十二月十三日、ルーズヴェルト米大統領に親電を送り、対日反撃のためアメリカが製造する航空機の五ないし一〇パーセントを提供するよう要請し、とくに「空の要塞」（B17）若干機の供与を受ければ遠距離爆撃で日本国内に重大な打撃を与え得ると強調した。ルーズヴェルトは二十九日の炉辺《ろへん》談話でアメリカは民主国家の兵器廠の役割を担うことを闡明したが、中国に大規模な軍事援助を行なうとも語った。

空と陸の戦場

国民政府が首都の重慶移駐を決定したのは意外に早く、上海陥落直後の一九三七年十一月二十日で、十二月一日から執務をはじめ政府各院、部が続々と移転した。一九三八年十月に武漢が陥落すると蔣介石は軍事委員会を重慶に移した。以後戦区の各種工場、教育機関、民間団体、外交団などが重慶に集まり、重慶は戦時中国の政治、軍事、経済、文化の中心地へと変貌した。

日本が本格的に重慶爆撃を開始したのは一九三九年一月からである。陸海両空軍により頻繁に実施された重慶爆撃は市街地を直撃し、市民を悲惨な運命に巻き込んだのである。

とくに一九三九年五月三日（中攻機四五機）と四日（中攻機二七機）に海軍航空隊が連続して実施した焼夷弾爆撃は重慶の繁華街を火の海と化した。猛火は炎々と天を焦がし、市民の死傷者が続出して修羅場となった。重慶防空司令部の調査では両日をあわせて焼死者三九九一名、負傷者二三二三名、損壊建物八四六棟に達した。イギリス大使館、フランス領事館はじめ外国教会にも被害が及んだ。四日の攻撃では日本側も二機が撃墜される被害を受けた。

六月以降十月にかけて日本軍の爆撃は範囲ならびに目標を拡大して夜間にも実施され、霧期の到来を待ってようやく沈静化した。

一九四〇年六月四日、谷正之外務次官はフランス大使を呼び、仏印経由の重慶向けトラック、ガソリンなど援助物資の輸送に強い警告を行なった。二十四日にはイギリス大使に、ビルマルートならびに香港経由の援蔣物資の輸送停止を要求した。

これらの措置と呼応して五月十三日、日本の陸海両空軍は一〇一号作戦協定を締結した。漢口、運城（山西省南西部）を主要基地として五月中旬から約三カ月を期間（重慶の天候の関係）とし、重慶、成都を目標とする陸海の協力爆撃を実施する計画である。五月十八日より重慶東西の空軍基地および市周辺地区の爆撃をはじめ、五月二十八日には中攻機九四機による市内中心地区の爆撃が実施された。

六月中旬には陸海空軍共同して重慶中心地区の大爆撃を実施した。六月十一日の爆撃には陸軍機三六機、海軍機七九機が参加し、二十四日から二十九日までは連続六日間の猛爆となった。八月十九日の爆撃は陸海合計一三六機が参加したが、この日はじめて新鋭零式《れいしき》艦上戦闘機（いわゆるゼロ戦）が宜昌飛行場を飛び立って重慶爆撃を支援し大きな成果を挙げたのであった。宜昌は海軍の強い要望によって例外的に進攻作戦を行ない、激戦の末、六月十二日ようやく占領したのであった。

六月十七日仏印ルートが停止され、続いてイギリスも七月十八日にビルマ援蔣ルートの三カ月停止を実施、国民政府は日中戦争開始以来の不利で孤立した状況に落ち込んだ。

重慶、成都に対する戦略爆撃実施の目的は、いうまでもなく敵の戦意を喪失させ、泥沼となった日中戦争解決の一助とするためであった。地上作戦も新飛行基地確保のためあるいは敵基地撃破のため実施された。宜昌作戦がその嚆矢である。

一〇一号作戦は十月二十六日、第四六回の重慶爆撃をもって終了、一方ビルマルートによる援蔣物資の輸送は十月十八日再開された。

翌一九四一年はワシントンで四月から日米交渉が開始されるが、その間も陸海協力による重慶爆撃は熾烈に実施された。六月五日の爆撃では重慶防空洞内で避難者九九二名が窒息死する悲劇も起こった。

八月陸軍航空部隊が全力を挙げて実施した重慶空爆（一〇二号作戦）に自ら漢口から出撃した遠藤三郎第三飛行団長（少将）は、重慶空爆の有効性について疑問を呈した。理由として一往復に飛行時間六時間以上を要するため一戦隊の出動に消費する燃料が五万リットルかかるが、投下爆弾量はわずか一五トンにも達せず、かつ四川省内の軍事施設は小規模で分散しており、どれを爆砕しても蔣介石政権の死命を制するにはいたらないことを挙げ「漫然此の種攻撃を継続するは帝国航空戦力殊に燃料問題に鑑み寒心に堪へざるものあり」と重慶空爆作戦の再検討を要請したのである（遠藤三郎『日中十五年戦争と私』、前田哲男『戦略爆撃の思想』）。

この年の重慶爆撃は九月十二日をもって終った。日米交渉は最終段階に到達しようとしていた。陸上でも、中国軍内部で国民政府軍の共産軍への攻撃や実力行使が実施され、国共の対立が注目された。

一九四一年一月七日から始まった国民政府軍の包囲攻撃により安徽省南部における共産軍（新四軍）約七〇〇〇は壊滅的打撃を受けた。大規模な国共両軍の軍事衝突である（皖南《かんなん》事件）。この衝突の原因は、日中戦争開始以来着実に勢力を伸ばしてきた共産軍の脅威を抑止しようとする国民政府の計画が発端であった。前年（一九四〇年）七月、国民政府は第二戦区（閻錫山）を拡張したうえで八路軍および新四軍を同戦区に編入しようと試みた。すなわち朱徳を第二戦区の副司令長官に任命し、共産軍を朱徳の分担地区すなわち河北、察哈爾両省と黄河以北の山東省および山西省北部に集中させようとしたのである。この決定に従い黄河以南、揚子江流域で活動する共産軍に対し、日時を限定して指定作戦地域への移動、集中を命じたのである。共産側は当然反発し、移動北上を強制しようとする国民政府側との軋轢は日に日に激化していた。皖南事件はその軋轢が実力行使にまで発展した事件であり、国共対立の深刻化を表徴する事件であった。

蔣介石は一月二十五日ソ連大使と会談の際は皖南事件は単に軍律の問題だと説明した。すなわち新四軍は昨年春以来命令に違反して友軍を襲撃するなど軍規が乱れていたので懲罰を加えたに過ぎないとした。しかしアメリカ大統領特使キューリーとの二月八日の会談では、共産軍は抗戦を名目に第三国際共産勢力の発展を策し故意に中央の命令に反し軍規に背反するのでその活動を制限した、と真意を伝えたのである。

一九四一年春の中国情勢を杉原荒太《あらた》南京総領事は次のように分析した。まず中国は現在いわゆる天下三分の形勢にある、即ち日本軍指導下の新政権（汪政権）の圏域、重慶政権の圏域、中国共産党の圏域があってそのなかで新政権がもっとも劣勢で兵力、財力で遠く重慶政権に及ばないのはもちろん、共産軍（三〇万）ほどの実力もなく一般民心把握の点においても両者に及ばないと指摘したうえで、共産軍の最近の勢力圏について次の三点に注意を喚起した。イ、これまで西北辺区に押し込められていた共産軍の勢力圏が今やわが方ないし新政権の勢力圏と直接噛み合う姿勢になってきたこと、ロ、わが方が対支経営上地域的にとくに重点を置く北支及び揚子江流域において共産軍が地盤開拓をなしつつあること、ハ、共産軍が西北辺区の山の中から経済的に富裕なる中原の地域に進出し経済的に有力なる地盤を獲得しつつあること、である。これらは共産軍勢力についての新視点として重要な指摘であった。

杉原は次いで和戦問題に対する重慶政府の決定要因として心理的要因と国際的要因の二つを挙げた。心理的要因として重慶政権、汪政権、上海の財界要人なども根本においてもっている共通の心理は、日本ははたして中国の生存、独立、自由を認めるか否か、日本は中国を亡ぼすものにあらずと言うが、はたして然るや、名は共存共栄というが実は独存独栄ではないのか、日本の振り出す手形ははたして額面どおり通用するのかという疑問があり、この点日本はまだ信用を得ていないと杉原は判断する。そして国際的要因としては「枢軸国側と英米側の二大陣営の世界制覇抗争の戦線に於て重慶をして英米陣営の方に決定的に押し遣りたる結果となり居るを以て右世界制覇戦の帰趨に付き更に確固たる見据をつけ得る時期の到来する迄は重慶抗戦陣営の転向は到底見込薄と思はざるべからず」と指摘した。これらの分析を前提として杉原の言いたいのは次の警告であった。

「国共の軋轢が発展して之が原因となり軈《やが》て重慶抗戦陣営の分裂崩壊を見るに至るべしとか或は財政経済の窮乏等が遠からず重慶を窮地に陥れ重慶の屈服を見るに至るべしとか言ふが如き観測は現在の所希望的観測に過ぎ之を根拠として我国策を決定すれば甚だ危険なりと言はざるべからず」

杉原は、皖南事件に表徴される国共対立に楽観的期待をもつことが誤りであり、また世界が枢軸、反枢軸の両陣営に判然と組み分けられた時、国民政府単独の和平はあり得ないとの判断を示したのである（「支那一般情勢及事変処理管見」昭和十六年二月稿・四月補、杉原）。

日米交渉と近衛の辞職

近衛内閣の松岡外相は一九四一年三月十二日、独伊訪問のため東京を出発した。訪欧からの帰国途次モスクワに立ち寄った松岡外相が四月十三日日ソ中立条約に調印したことは蔣介石に大きな衝撃を与えた。日ソ両国が相互に外蒙古、満州国の領土保全、不可侵を約束したことに蔣は強い不満を表明したが、蔣がさらに危惧したのはソ連からの中国向け軍事援助の停止であった。ソ連は十九日、対中国方針になんら変化がないことを保証した。

このような環境のなかで四月中旬からワシントンで野村吉三郎駐米大使（元外相、二月十四日着任）とハル国務長官との間で日米交渉が開始された。

近衛手記は言う。「種々対重慶工作をやってみたが、重慶への道がなく、最後の結論は、米国を仲介とせねば、もはや支那問題の解決は不可能なりとのことにあった。この結論に達したのは昭和十五年の暮であり、十六年四月から日米交渉が開始せられた。余及び余の側近者は、全力を挙げて日米交渉に努力した。余はこの交渉成立に総決算を賭したのであり、第二次第三次内閣の抱負も、結局日米交渉を解決し、有利かつ円満に日支関係を妥協させんとのことであった」（矢部貞治『近衛文麿』下）。

日米交渉の二大眼目は日独伊三国同盟第三条に規定された日本の参戦義務の適用問題とアメリカの仲介による日中戦争の解決であった。前者は条約の解釈を規制することによって妥協の道が開かれる見込みとなったが、後者についてアメリカは原則論を提示し、それを固守する姿勢を崩さなかったため交渉は次第に隘路に追い込まれて行った。

アメリカのもっとも重視したのは中国において門戸開放、機会均等という原則が無条件に適用されることであった。一方日本はこの原則のなんらかの修正を要求し、日本軍の駐兵によってそれを保証させようとした。

日本の五月十二日案にある中国関連条文は次の通りである。

支那事変に対する両国政府の関係

米国政府は近衛声明に示されたる三原則及右に基き南京政府と締結せられたる条約及び日満支共同宣言に明示せられたる原則を了承し且日本政府の善隣友好の政策に信頼し直ちに蔣政権に対し和平の勧告を為すべし。

きわめて簡単な条項だが重要な内容を含んでいる。近衛三原則に基づいて昨年十一月三十日に汪政権との間で調印された日華基本条約および日満華共同宣言の原則をアメリカが承認し、蔣政権に和平勧告を行なうというのである。日華基本条約は公表された分でも共同防共実行のため日本軍の蒙疆、華北の一定地域への駐屯、同じく治安維持のための日本軍の駐屯（別に協議決定）、日本艦船の一定地域への駐留などを認めていた。経済的にも華北、蒙疆における国防上必要な資源の開発に関する協力などが組み込まれていたし、また日満華共同宣言には中国による満州国の主権、領土尊重が確認されていた。これらの日本側の要求にアメリカがどのように対応するかが注目された。

六月二十一日付のアメリカの対案を検討した外務省顧問斎藤良衛《りょうえい》は、七月十日首相官邸で開かれた第三八回連絡懇談会の席でアメリカ案における中国問題について詳細な解説を試みた。斎藤はアメリカの回答が示す問題点を次のように指摘した。斎藤によればアメリカ案には、一、南京汪政権の取り消し、二、満州の中国への復帰、三、治安駐兵を認めず日本軍の無条件撤兵、四、防共駐兵の否認、五、無差別待遇、六、日米両国間で日中和平交渉の根本を定めその範囲内で日中直接交渉、などを含んでいるというのであった。すなわち日本案をほとんど否認していると斎藤は指摘した。日米交渉のその後の経過をみると、斎藤の見解の正当さは否定し得ないと思われる。松岡外相は斎藤報告に同意見と述べた。

六月二十二日独ソ戦が勃発すると松岡外相は即時対ソ参戦を上奏した。しかし七月二日の御前会議は独ソ戦不介入を決定し、即時参戦を認めず、逆に仏印およびタイなど南方進出を強化し「目的達成の為め対英米戦を辞せず」との決定を採択した(「情勢の推移に伴ふ帝国国策要綱」)。

近衛は松岡外相を更迭するために総辞職し、七月十八日第三次近衛内閣を組織、外相には商工大臣豊田貞次郎海軍大将を起用した。

第三次近衛内閣は組閣直後の二十八日、南部仏印進駐を実施し、米英は日本資産を凍結してこれに報いた。ハルによればこの時(対日資産凍結令発令)以後日本に関するアメリカ側の主目的は防衛準備のために少しでも時間を稼ぐことであった(『回想録』)。

九月六日に御前会議が開かれ、「外交交渉に依り十月上旬頃に至るも尚我要求を貫徹し得る目途なき場合に於ては直ちに対米(英蘭)開戦を決意す」(帝国国策遂行要領)との重大方針が決定をみた。

日米交渉の最大の難点が中国からの日本軍の撤兵ならびに駐兵問題にあることが明らかになってきた。十一日野村大使は、駐兵条項は撤去して単に二年以内の撤兵で妥協するよう上申してきた。しかし九月十三日連絡会議決定の「日支和平基礎条件」は内蒙および北支における防共駐兵、海南島、厦門その他における艦船、部隊の駐屯を要求していた。

九月中旬、畑支那派遣軍総司令官は、アメリカと妥協し支那事変解決に専念すべしとの見解を東条陸相、杉山参謀総長に伝えるべく後宮《うしろく》淳総参謀長を東京に派遣したが、東条陸相の回答は「第一線の司令官は前を向いておればよい。後ろを向くべからず」であった（戦史叢書『支那事変陸軍作戦三』）。

十月十四日の閣議で近衛が「日米交渉はむずかしいが、駐兵問題に色つやをつければ、成立の見込みはあると思ふ」と発言したのに対し東条陸相は激しく反駁した。

「撤兵問題は心臓だ。撤兵を何と考へるか、陸軍としてはこれは重大視してゐるものだ。米国の主張にそのまま服したら支那事変の成果を壊滅するものだ。満州国をも危くする。さらに朝鮮統治も危くなる。帝国は聖戦目的にかんがみ非併合、無賠償としてをる。支那事変は数十万の戦死者、これに数倍する遺家族、数十万の負傷兵、数百万の軍隊と一億国民に、戦場および内地で辛苦を積ましており、なほ数百億の国幣を費やしてゐるものであり、普通世界列国なれば領土割譲の要求をやるのはむしろ当然なのである。しかるに帝国は寛容な態度をもつてのぞんでゐるのである。駐兵により事変の成果を結果づけることは当然であつて、世界に対しなんら遠慮する必要はない。巧妙なる米の圧迫に服する必要はないのである。

北支蒙疆に不動の態勢をとることを遠慮せば如何なりますか。将来子孫に対し責任の禍根をのこすこととなり、これを回復するため、またまた戦争となるのであります。満州事変前の小日本に還元するならまた何をかいはんやであります。撤兵を看板にするといふが、これはいけませぬ。撤兵は退却です。……駐兵は心臓である。主張すべきは主張すべきで、譲歩に譲歩、譲歩を加へ、そのうえにこの基本をなす心臓まで譲る必要がありますか、これまで譲りそれが外交とは何か、降伏です」

十月十六日近衛首相は参内し、全閣僚の辞表を提出した。そして近衛首相は辞表で、まず東条陸相が対米開戦をなすべき時期に到達したと判断したことに触れたうえ、「熟《つらつ》ら惟《おもん》みるに、対米交渉は仮《か》すに時日を以てすれば、尚その成立の望みなしとは断ずべからざると共に、最も難関なりと思考せらるる撤兵問題も、名を棄て実を取るの主旨に依り、形式は彼に譲るの態度を採らば、今尚妥結の望みありと信ぜらるるを以て、支那事変の未だ解決せざる現在に於て、更に前途の透見すべからざる大戦争に突入するが如きは、支那事変勃発以来、重大なる責任を痛感しつつある臣文麿の、到底忍び難き所なり」と述べ、さらに衷情を披瀝して東条陸相を説得すべく努力し、懇談四度に及んだが、遂に同意せしむることができず輔弼《ほひつ》の重責を完うすることができないと結んだ。この辞表は富田健治内閣書記官長が代筆したといわれるが（矢部『近衛文麿』下）、近衛の真情と見て差し支えなかろう。

富田は辞表には後世史家に俟つ意味があったというが、今この段階での中国からの撤兵が国内あるいは満州、朝鮮における重大な混乱と騒擾の発生なしに可能であったかについては疑問が残らざるを得ない。日本陸軍はこのとき五十一個師団に増強されていたが、そのうち二十七個師団が中国に、十三個師団が満州に配置されていたのである。

撤兵問題を考えるにあたってはさらに日本の占領地経営の実体を考慮する必要がある。四年にわたる占領は、単なる軍事的な支配ではなかった。『支那経済年報』（一九四〇年）がいっているように、「事変前においては、いわば（日本は）紡績一筋の家柄であったが、卵、豚毛、茶、獣腸、桐油などの土産品の加工業であれ、清涼飲料、自動車、木材、セメントおよび同加工業、その他マッチ、皮革、電球、ゴム、琺瑯《ほうろう》鉄器などのいわゆる雑工業であれ、はたまた製糸、製粉、タバコというがごとき巨大産業であれ、造船、硫安、塗料などの軍需工業であれ、すべてが日本の息のかかったものとして存在するように」なっていたのが占領地の実体であった。

中国においては、進出した日本の大企業、中小資本を問わず、小売商人、大小の国策会社の職員の生活にいたるまで、日本の経済体制は占領地支配と密着しており、しかもそのすべては、日本軍隊の駐屯という厳然たる事実によってはじめて可能な状況にあったのである。
日中戦争開始の当事者である近衛は、癒し難い傷痕を残して再び退場したのである。

三、太平洋戦争下の中国大陸

日米開戦

一九四一年十月十六日近衛内閣総辞職後、陸相東条英機に大命が下り、十八日東条内閣の成立をみた。外相東郷茂徳《しげのり》(元駐ソ大使)、蔵相賀屋《かや》興宣《おきのり》、陸相は首相が兼任、海相嶋田繁太郎という陣容である。

十月二十三日に東条内閣はじめての大本営政府連絡会議が開かれ、以後連日のように現状の分析、日米交渉の見込みなどが審議され二十九日、一応の結論に達した。今後の国策遂行の方針を決する十一月一日の連絡会議は朝九時から始まり翌二日午前一時半まで審議が続いた。会議で「帝国国策遂行要領」(自存自衛を完うし大東亜の新秩序を建設する為此の際米英蘭戦争を決意)が採択をみた。武力発動の時期を十二月初頭とするが、対米交渉が十二月一日午前零時までに成功すれば武力発動を中止することとなった。

対米交渉は甲、乙両案が了承された。甲案における中国関連条項を検討してみたい。

この案にみられた日本の注目すべき最大の譲歩は中国における通商無差別原則の無条件承認であった。またこれまでの案にあった「中国における重要国防資源開発利用に関する日中提携」が消えた。国防に関連する重要資源の開発利用について、日本は中国から特恵待遇を受けるという規定である。ハル国務長官は交渉の初期六月段階で日本占領地における日本の独占、差別政策について警告していた。日本の「北支那開発」や「中支那振興」などの国策会社およびその子会社が実施している独占的政策、通商、為替管理などにみられる第三国に対する露骨な差別待遇などについて、その修正ないし廃止を早急に行なうようハルは要求した。この甲案では通商無差別原則が全世界に適用されることを前提にはしてはいるが、日本は中国への適用を認めたのである。

第二の譲歩は中国における日本軍の駐兵、撤兵問題である。この案では華北および蒙疆の一定地域および海南島に和平成立後所要期間駐屯（二十五年を目標）するが、その他の軍隊は和平成立と同時に撤兵を開始し二年以内に完了することとした。東郷外相は所要期間を五年程度にしようとしたが問題にされなかった。当初の日本案にあった華中の駐兵、華南の艦船部隊の駐留は姿を消したのである。

第三の譲歩は「満州国」問題を交渉の議題から外したことである。もちろん満州国の解消とか否認ではなく、満州国の事実上の存在について触れないという意味である。

乙案は南方地域に限定しての暫定案で仏印南部の日本軍の北部への移駐、所要石油の対日供給、資金凍結前の状態への復帰などを盛り込んでいた。野村大使は十一月七日ハル国務長官に甲案を提示、次いで二十日乙案を提出、日米交渉は文字通りの最終段階に突入した。

十一月二十二日、ハル国務長官はワシントン駐在の豪米英中各代表を招集し、日本の乙案を提示したうえでアメリカの対案について説明した。アメリカ案の骨子は日本軍の南部仏印からの撤退とその代償としての米英蘭による対日禁輸の一部解除である。中国大使胡適《こてき》はこの構想に強く反対した。この案では日本は対中国戦争を自由に遂行し得るし、また中国としては対日経済圧迫の大幅な緩和に賛成し得ないという理由である。

二十四日ハルは再び英中豪蘭の代表を招集して説得にかかったが胡大使は北部仏印に残留予定の日本軍二万五〇〇〇を五〇〇〇に削減するよう求めて譲らなかった。ハリファクス駐米イギリス大使も兵力削減を求めた。胡大使は同夜国務省ホーンベック顧問を訪問、仏印に二万五〇〇〇の日本軍が駐留することは昆明への進撃を可能とし中国の命脈であるビルマルートが危機に曝されると説いた。

胡大使の報告でアメリカの暫定案の内容を知った蔣介石は、アメリカは中国を犠牲にして日本と妥協しようとしていると激怒した。ラティモア顧問は蔣介石がこのように興奮したのは初めて見たと大統領に報告した。蔣介石はスティムソン陸軍長官、ノックス海軍長官にも親書を送り、もしアメリカが日本と宥和するならば、中国が人命の喪失と荒廃に耐え四年以上にわたって続けてきた対日抵抗が空しくなると訴えた。

チャーチル首相も、蔣介石の立場を考慮する必要があり、もし中国が崩壊すればわれわれの危機は著しく増大するとルーズヴェルト大統領を説得した。海軍や航空部隊の要請もあって時を稼ぐことを最優先としていたアメリカの首脳も三ヵ月を期限とする対日暫定案の提示を断念した。代って十一月二十六日ハルは、「米日間協定の基礎概略」を野村・来栖《くるす》両大使に手交した。その第一項には国際通商関係における無差別待遇の原則ほかを掲げ、第二項米日両国の採るべき措置として、

一、米日両国は英、中、日、蘭、ソ連、米間の多辺的不可侵条約を締結。

三、日本は中国、インドシナからの一切の陸、海、空軍兵力および警察力を撤退。

四、米日両国は重慶を首都とする中華民国国民政府以外の中国におけるいかなる政府もしくは政権を支持しない。

等が記されていた。第三項の「中国」を「満州を除く中国」と解釈することは困難である。そしてこの満州地方・満州国への顧慮がまったく排除されたのを日本は決定的な挑戦と受け止めた。中国全土からの無条件撤兵、国民政府（蔣介石）が唯一の中国政府であることの承認が要求され

ているのであった。

このいわゆる「ハルノート」を受領した東条内閣、東郷外相はアメリカの意図は一九三一年満州事変以来の日本の大陸政策の一切の成果を根底から剝奪することにあると判断した。もはや開戦以外の道はないとの認識に一致した。

十二月六日東郷外相は長文の対米覚書を野村大使に発電した。ハルノートをアメリカによる最終通告とみることができないのと同じように東郷の覚書も最後通牒の形式を備えていない。しかし日米両国政府の政治的判断は「戦争」を必然と確認したのである。東郷覚書の最終部分の文書化が遅れ、ハルに通告が手交されたのは日本海軍による真珠湾攻撃の実施後となった。

太平洋戦争開始により、上海では八日早暁、日本軍は降伏に応じなかったイギリス砲艦ペトレル号を撃沈した。上海市民はこの殷々たる砲声で日本の対英米戦開始を知った。租界には午前十一時陸海軍部隊が進駐を開始、正午には接収を終った。

華北でも天津英仏租界の接収、アメリカ海兵隊の武装解除が順調に進行し、華南の沙面《シャーメン》イギリス租界への進駐も無事に終了した。

香港攻略に当ったのは広東周辺を占拠していた第二十三軍（軍司令官酒井隆中将）である。八日早朝国境を越えて作戦を開始し、十四日には九龍地区の掃討を終った。イギリス総督ヤングに降伏を勧告したが拒否され、十八日深夜第三十八師団が香港に奇襲上陸した。香港には英印軍約一万がいたが一週間の抵抗で二十五日白旗を掲げて降伏、呆気ない幕切れとなった。その前に香港からは国民党駐香港代表陳策をはじめ国民党要人、イギリス人官僚、香港大学教授、新聞記者などを含め数千人が脱出していた。

一九四二年一月、日本は香港に軍政を開始、総督に磯谷廉介中将を任命したが、この総督部は純然たる統帥機関で一般軍司令部と同じ性格のものである。

上海租界をはじめとして日本の占領地経営の大きな障害となっていた英米仏など列国の権益は一応消滅し、日本の管理下に入った。

一月二十一日、東条首相は議会で演説、「帝国陸海軍はすでに香港を占領し、比島の大部分を確保し、またマレー半島の大半を制圧し更に最近に至りましては蘭印の要衝を占領」と南方の赫々《かくかく》たる戦果を誇った。東条によれば、帝国は今や国家の総力を挙げて大作戦を遂行し、大東亜共栄圏建設の大事業に邁進している、のであった。

重慶はどうか。

日本の真珠湾奇襲攻撃による日米戦争開始のニュースが重慶に伝わると、国民政府の役人たちがまるで大勝利を博したかのように歩き回って祝辞を交わしている、とハン・スーインは伝えた（『無鳥の夏』）。「アメリカのパール・ハーバー・デーは、ここ重慶では休戦の日である」と評したアメリカ人もいた。孤立感に苦悩しながら四年半にわたって強国日本と戦ってきた中国が待望の、しかも強大な同盟国を得て狂喜したのは当然であった。

十二月八日、蔣介石はソ連大使とアメリカ大使を呼び日本とその同盟国独伊に宣戦を布告することを伝え、ソ連がアメリカと同じく直ちに対日参戦を実施するよう要請した。九日、中国は正式に日独伊に宣戦を布告した。

スターリンは十二日、蔣の対日参戦勧告に応じることはできないと回答した。ソ連のドイツに対する勝利が反枢軸国諸国の最大の期待となっている時、兵力を極東に割くべきではないため、現時点での対日戦参加は考えられないというのであった。中国共産党はヨーロッパ優先とのソ連の主張を支持し、ここでも国共の見解は対立した。

蔣介石は年が明けて一九四二年元旦、中国の古語にいう「飲鴆止渇《いんちんしかつ》」（刺激の強い毒酒を飲んで渇を癒す）を選んだ日本は、いっときの興奮を得ることはできるが、結局は自滅の道を辿る、現在日本軍閥が誇っている赫々たる戦果は毒酒を飲んだあとの刹那的な高揚に過ぎず、最後は惨敗に終ることは間違いないと軍民を激励した。

ルーズヴェルト大統領は前年十二月三十一日、蔣介石に中国戦区連合軍総司令官に就任するよう要請し、蔣介石の承諾を得た。蔣はルーズヴェルトに参謀長の推薦を依頼、スティルウェル将軍の任命となる（スティルウェルの着任は三月）。

一方で蔣は十二月三十日、アメリカに五億ドル、イギリスに一億ポンドの借款を申し込んだ。

ルーズヴェルト大統領は一九四二年二月二日、議会に対中五億ドル借款案を提出し、承認を得た。イギリスのイーデン外相も二月二日、顧維鈞大使に五〇〇〇万ポンド借款の決定を通告、中国は連合国の一員としての認識を内外ともに深めたのである。

中国東西両面戦場の展開

開戦直後、南方における日本軍の赫々たる勝報が続くなかで、蔣介石を喜ばせたのは長沙における中国軍の勝利であった。支那派遣軍の精鋭第十一軍が開戦後実施した要衝長沙への総攻撃に第九戦区の中国軍が反撃を加え、大勝利を得たのである。この攻勢は阿南惟幾司令官が独断実施した作戦であったが、惨憺たる敗戦となり、戦死一五九一名、戦傷四四一二名という大きな損害を出し一月中旬原駐地に撤退を余儀なくされた。撤退は予定の行動であるが、敗北には違いなかった。

十二月十日大本営政府連絡会議は、今次の対米英戦争は支那事変をも含めて大東亜戦争と呼称する、と定めた。すなわち十二月八日をもって「支那事変」という名称はなくなり、大東亜戦争における中国戦場となった。中国戦場が第二次世界大戦の一つの戦域になったのは確かであった。

日本は対英米開戦に伴う支那派遣軍の基本任務をまず「支那事変の迅速なる処理を企図」することを前提にとくに速やかに治安の恢復を図る地域として「蒙疆、北部山西省、河北省、山東省の各要域、ならびに上海、南京、杭州間の地域」を指定した。

作戦は岳州より下流揚子江の交通を確保し武漢三鎮および九江を根拠として敵の抗戦力を破摧《はさい》することを目的とし、作戦地域としてはおおむね安慶、信陽、宜昌、岳州、南昌の間と規定した。ちょうど三年前の一九三八年秋決定の治安地域、作戦地域（二一〇ページ）と比較すると、作戦地域の限定が著しく強まったことが判明する。阿南軍司令官が作戦を強行した長沙はもとより指定地域外であった。

南方および太平洋方面を主戦場とする太平洋戦争の勃発により、中国戦場の地位が低下したのは当然であった。支那派遣軍から有力な陸上ならびに航空兵力の南方転用が実施され、中国戦線はいわば「支作戦正面」の性格を帯びるにいたった。しかし一方、太平洋戦争の勃発により中国にとっては、日本軍のビルマ方面からの進撃によるビルマルートの遮断、同方面からする昆明、重慶への脅威という新たな局面が登場してきた。中国側から言えば従来の日本軍の東からの攻撃に加えて、西、つまりビルマ側からの進攻を警戒しなければならなくなったのである。

中国戦区連合軍総司令官に就任した蔣介石は、宋美齢夫人とともに一九四二年二月四日、ビルマ、インド訪問に出発した。総司令官として最初の外国訪問である。目的は二つで、ビルマ作戦の折衝（ビルマルートの防衛は中国にとって緊急最大の課題であった）とインドにおけるイギリス本国と国民会議派の対立の調整である。独立を求める国民会議派に日本の支援と扇動が強化されるのは明らかで、中国としてはビルマルート防衛には英印間の混乱を回避させる必要があった。蔣が昆明に帰ったのが二月二十日であるから、二週間を超える訪問となった。その間二月十五日、シンガポールの陥落を蔣はインドで知った。

蔣は各地でインド、ビルマのイギリス総督はじめ軍首脳と会見する一方、イギリスの反対を押し切って国民会議派ガンジー、ネルー、イスラム教指導者ジンナーなどと会談した。蔣はイギリス側には自治の実行を迫り国民会議派の首脳には段階的な独立達成を勧告したが、いずれも応ぜず工作は失敗に終った。しかし蔣がかねてから国民会議派の反英運動に理解をもっていることは知られていたので、蔣の訪印はインドの民衆とくに学生の熱烈な歓迎を受けた。調停工作は失敗したが、最大の目的である中・英印間の軍事、経済協力については対中国援助物資のインド経由など、一定の成果を挙げた。

蔣介石にとって当面の重大課題は、中国にとって唯一の海外からの援助物資の輸送路であるビルマルートの防衛であった。援蔣物資はラングーンに揚陸されたのち鉄道でラシオに輸送され、ラシオからビルマルートで昆明、重慶に運ばれていた。

タイに進駐した日本軍は一月二十日、国境を越えてビルマへの進攻を開始した。当面の目標はラングーンを攻略し敵援助物資の揚陸を阻止することであった。日本軍は三月七日ラングーンを占領した。港にはイギリス軍が破壊し残した膨大な援蔣物資が山積みになって放置されていた。

日本軍のビルマ進攻と時を同じくして雲南西部に集結していた中国軍（第五軍、第六軍）も二月初旬ビルマ領に入り、南下を始めた。中国遠征軍（総数約八万）のビルマ派遣である。

蔣介石はインド訪問への出発にあたって、二月四日ラシオで作戦会議を開催、三月二日にもビルマ戦線を視察、同じくラシオでイギリス植民地軍政首脳と会談、遠征軍将校を激励した。新たに蔣介石のもとで中国戦区参謀長に任命されたアメリカのスティルウェル中将も三日ラシオに到着した。蔣にとってビルマルートの維持は対日抗戦継続の前提であった。

日本軍（第十五軍）は三月二十日トングー（同古）南方で中国軍と初めて戦火を交えた。トングー攻略戦において中国軍の精鋭第五軍二百師は複郭陣地を固守して頑強に抵抗し、その士気の高さは日本軍を驚嘆させた。中国側は、この戦闘で日本軍は多数の毒ガス弾を使用したと非難した。トングーは三十日に陥落した。

蔣介石は四月五日、新任遠征軍司令長官羅《ら》卓英《たくえい》とともにラシオを訪れ、六日ミートキーナ、八日マンダレーを視察した。そして第六十六軍の増派を指示した。いかに蔣がビルマ戦線の帰趨を重大視しているかが判明する。

日本も三月下旬第五十六師団（師団長渡辺正夫中将）、四月上旬第十八師団（師団長牟田口廉也中将）をラングーンに上陸させて戦線を増強した。第五十六師団は一路ビルマルート終末点ラシオに向かって進撃、四月二十九日市内突入に成功した。

ラシオ攻略後、第五十六師団は坂口支隊（坂口静夫少将）をビルマルートに沿って怒江《どこう》に向かわせ、松本部隊（松本喜六大佐）をミートキーナ方面に進撃させた。怒江に向かった自動車編制の坂口支隊は中国雲南省に入りワンチン（畹町）、芒市《ぼうし》、竜陵を次々と占領して五月五日怒江の線に達した。この日中国軍は恵通橋を爆破して日本軍の渡河を阻止したが、日本軍は一部で騰越《とうえつ》を攻略した。五月下旬中国は第七十一軍を新たに怒江正面に配置して渡河反撃を行なったが撃退され、怒江右岸地区にはほとんど中国軍を見なくなった。

かくして日本は念願のビルマルート遮断に成功した。同ルートは一九三八年十二月開通以来、最大の援蔣ルートとなっていた。日本は蔣介石が屈服しない最大の理由としてビルマルートの存在を挙げていたのである（同ルートが再開されるのは一九四五年一月）。

松本部隊は五月八日ミートキーナを占領した。同方面の中国軍は崩壊し散乱状態に陥ったと日本側は観測した。

一方日本軍主力は要衝マンダレーに向かって進撃を続け、五月一日同市を占領した。

ミートキーナ、マンダレー方面から敗走した中国軍はインド領に入ったが、一部は峻嶺を越えて雲南省に復帰した。

このようにして蔣介石が大きな期待のもとで投入したビルマ遠征軍の作戦は惨めな失敗に終り、ビルマルートは閉鎖され、中国の抗戦力維持に重大な危機が訪れた。中国軍と英印軍との協力関係の欠如が失敗の原因とみられた。一方日本軍は兵力的にも優勢で、かつ制空権を確保して戦闘を有利に展開した。太平洋方面における緒戦勝利の勢いを維持していた。

ビルマルートの危機を予測したルーズヴェルト大統領は早くも二月九日には蔣介石にメッセージを送り、インドから空輸で援助物資を送ると確約したが、早急の実行は困難であった。

インドに入った中国軍は、スティルウェルの建議により、一九四二年七月ランガル（カルカッタの西方約三二二キロ）に移送され、米軍装備を提供されたうえで米軍人指導のもとで対日反攻のための集中訓練を受けることになった。十月から年末までに、あらたに雲南から中国軍三万二〇〇〇が空輸により到着、訓練に加わったのである（時広東『中国遠征軍史』、戦史叢書『ビルマ攻略作戦』）。

大東亜省設置と東郷外相辞任

一九四二年九月一日、東条内閣の東郷外相が突如辞任した。原因は大東亜省設立に関する東条首相との対立であった。

一九三八年興亜院の設立にあたって近衛内閣の宇垣外相が辞任したことは前に触れた。興亜院は同年十二月に発足したが、運営にあたって各地の軍ならびに特務機関が依然として権限を維持し続けたので、中国における行政はかえって煩雑さを増し、その改組を目指す動きは日に強まった。一九四二年七月十二日、東郷外相は東条首相に、東亜共栄圏内の政治、文化、外交などあらゆる事項を包含処理する一省を設立することには絶対に反対である、と申し入れた。

「元来興亜院の如き国内的性格を有する官庁を以て外交問題を取扱はしめ而も共栄圏内外交と共栄圏外の外交とを二分するが如きこと外務省としては絶対に容認する能はざるところなり。満州、支那、仏印、及泰《タイ》は勿論今後南方占領地区に於て独立すべき国ありとすれば其の時より此等独立国は均《ひと》しく外務省の所管たるべく又斯くせざるべからざるとの固き信念を有するものなり。例へば人を招待する場合或る者は正面より或る者は裏門より入るべしと云ふが如きことを為さんか、其の裏門より招じ入れられたる者は必ずや差別待遇を受くるものとして反感を招来するは明らかなり」

九月一日、閣議で提案理由の説明にあたった東条首相は大東亜戦争を勝ち抜くためには戦争遂行力を増強することが喫緊《きっきん》の要務であることを指摘し、「帝国領土外に於ては大東亜全域を通じて、独立国たると新占領地を問はず、帝国と一体となり、其の各自の力を帝国の為に寄与せしむることを図らねばならない」と述べた。

しかし大東亜省設置への東郷外相の反対は変わらなかった。閣議の休憩中に東条首相は東郷に翻意をもとめたが、東郷は拒否して官邸に戻った。東郷は東条の単独辞職の要求も拒否したが、天皇の内閣不統一による総辞職を避けたいとの意向もあって、九月一日辞職し、東条首相が外相を兼任した。九月一日夜、閣議は再開され、大東亜省設置案は原案通り決定をみた。しかし七日梅津関東軍司令官は「関東軍司令官の内面指導権には何等の変更を加へざること」「日満交渉は総て陸軍省及関東軍を通して之を行ふこと従来通りとす」と申し入れ、また中国では特命全権大使と支那派遣軍総司令官を一体とする主張（興亜院）などもあり大東亜省の前途の多難を予想させた。

政府は大東亜省官制を枢密院にかけ、鈴木貫太郎副議長を委員長とする審査委員会は十月九日から審議を開始した。審査委員会は二十四日まで一〇回開かれ二十八日天皇臨御のもと本会議の開催をみた。会議は延々七時間に及び、苛烈な議論となった。深井英五顧問官は、日本は英米等が中国を植民地扱いするのを非難してきたにもかかわらず「我が国が支那に対して実行し来れる所は殖民地以上の寄与を為さしむるものにあらずや。而して本官制によりて施行せんとするは更に其の程度を進むるものにあらずや」と大東亜省の本質を衝いた。石井菊次郎顧問官（元外相）も大東亜圏内の諸国を別扱いにすることは「之を見下すものなりとの感を生じ、圏内の独立国および独立期待国を失望」させるもので「千思万考を重ねたるも、国家の為に得失を考慮して、如何にしても本案に賛成し得ず」と正面から反対した。東条首相は石井の発言に対し「我が外交は大東亜圏内と其の外とにより正に二つに分かれ居るの実状にして、其の措置を異にするは当然なり……外交の相手は必ず対等者として処遇せざるべからずとするが如きは古き観念なり」と石井の見解を拒否した。深井は「東条総理大臣は大東亜地域の諸国を従属的に取扱うの底意を此に暴露した」と記した（深井英五『枢密院重要議事覚書』）。

十一月一日、大東亜省官制が公布され、初代大東亜相には青木一男国務相が就任した。大東亜省官制第二条は次の通りであった。

第二条　大東亜省に左の四局を置く

総務局

満州事務局

支那事務局

南方事務局

満州事務局（満州国）とならんで支那事務局と配置されたことに対する汪政府首脳の反応はどうであったろうか。満州国とならぶ傀儡政府としてのみずからの地位を確認したことは間違いないであろう。

東郷外相辞任後の外相には九月十七日情報局総裁谷正之《まさゆき》（元外務次官）が登用された（『外務省の百年』下）。

「対支新政策」の実施

東条内閣は一九四二年一月、重光葵（イギリスから前年七月帰国していた）を中国大使に任命、重光は十三日南京に着任した。中国大使としての重光はいわゆる「対支新政策」の実施を強く主張した。対支新政策とは重光によれば「支那を完全なる独立国として取扱う」「戦争の進行に連れ必要がなくなるときは、日本は完全に支那から撤兵して、一切の利権を支那に返還しよう」とするものであった（重光『昭和の動乱』下）。

汪国民政府は太平洋戦争への参戦を希望し、七月周仏海行政院副院長が来日（十二日―三十日）したとき東条首相、東郷外相はじめ軍その他各方面に参戦を申し入れた。九月下旬平沼、有田、永井（柳太郎）三特使が南京を訪問したときは汪主席も、二十三日会見の際参戦の希望を申し入れた。大使館の清水董三書記官はその真意について、国民政府は各種の事情で部内の意気揚がらず意気消沈の状況なので、士気を揚げるために参戦の如き新しい目標が必要なこと、参戦すれば日本も国民政府を重んじ政治、経済上の強圧を緩和し幾分にても自由を与えるとの期待などを挙げた。重光大使はかねて対支新政策の一環として汪国民政府の強化、自主性の回復を主張していたので参戦に賛成していた。

東条内閣は十一月大東亜省を発足させたが、一方で今後予想される占領地からの物資調達の強化には汪政権の支援と協力が必要なことも知っていた。

十二月二十日、汪兆銘、周仏海が上京し、飛行場には東条首相以下各閣僚が出迎えた。河辺正《まさ》

《かず》三支那派遣軍総参謀長以下各軍参謀長も指示を受けるため東京に招致された。

翌二十一日開催された御前会議は「大東亜戦争完遂の為の対支処理根本方針」を決定した。その基本方針は政治面では国民政府の参戦を局面打開の転機とし国民政府の政治力の強化を図ること、経済面では占領地内緊要物資の重点的開発取得、敵方物資の積極的獲得による物資獲得の増大を主眼とすることであった。また重慶に対する和平工作を一切行なわないことも確認した。具体的には日華共同宣言および租界、治外法権撤廃協定の締結を予定した。

汪兆銘は同日午後三時、首相官邸で東条首相と会見した。周仏海も同席した。会談は三時間に及び、東条首相が熱弁を振るった。

「今や大東亜の要点はすべて日本の手にあり、今後緬甸《ビルマ》、チモール、アリューシャン等に於て或は時に反攻し来るや知れざれども我方の態勢を崩壊せしむる如きは到底不可能なり、局部の戦闘の如きは大局の勝利に何等関係なき所なり、次に吾々は此の態勢を飽く迄維持する力ありや否やの問題なるが要は人と物との力如何にあり、人の方面は大東亜の人口十億と称せられ之を統合集中するに於ては世界に敵なきこと言ふ迄もなし、物に至つては特に有利なり米英は物資豊富なりと称するものあるも日満華を中心とする大東亜の物資は更に一層豊富なり……十億の人間が活動するに至らば世界無敵なり、之に反し敵側には原料無し此の点に於ても戦争に対する必勝の確信在り……」

この一国の首相の空しい長広舌を汪や周はどのように聞いたであろうか。周の日記には「東条は更に戦争に必ず勝利する理由を詳しく述べる」とだけある。

東京の河辺総参謀長の報告を受けた畑総司令官は十二月三十一日の日記に「今回の一大転換は鈴木企画院、青木大東亜あたりの献策にして、中央も国府（汪）の無力を知りあるも此の手の外策なくさりとて今直に軍政といふ訳にも行かず先づ之にてやつて見んとの窮余の策なること余の推察の通りなり」と醒めた感想を書いた。

年が明けて一九四三年一月八日、宮中東溜《ひがしだまり》の間で開かれた枢密院の日華共同宣言および治外法権撤廃協定審査委員会で東条首相は、「此の際対支政策転換の真意義を申し上げ度」と前置きして「此の戦争には断じて勝抜かざる可からず。其の為には南方に共栄圏を確保し之を基礎とせる政策を遂行するの要あり。又北方に対する政策を整ふると共に今後に対し備ふるの要あり。従て対支政策の現状に付き再考を要する次第なり。即ち中国より力を抜き以て将来の変化に応じ得る様之を用ふるの要あるなり」と述べた。「対支政策は今般一大転換を為す次第にて我国は中国に於ける施策より手を抜き其の力を戦争完遂に向けんとす」「政策の転換は我国が中国より足を抜くことの必要より生ぜしもの」と東条は繰り返した。「新政策」への東条の真意と言ってよい。

一方参戦についての汪の狙いは「中国は現に中立国なるに拘らず爆撃を受け又日本の需要に対し多くの物資を供出しつつある状態なるを以て国民の間に於ては指導者に対する理解尠《すくな》し。依つて汪氏の狙ひは民心を把握する為米英打倒の旗幟《きし》を鮮明にして其の協力を獲得せんとするに在り」と穿った観察を示した。

一月九日、両国は戦争完遂についての協力を謳った共同宣言を発表し、その趣旨に従って同日、重光大使と汪行政院長は「租界還付及治外法権撤廃等に関する日華間協定」に調印したのである。

「対支新政策」の実施を誰よりも喜んだのは主唱者の重光大使であった。この月、重光は、青木大東亜相、谷外相宛の書簡で「参戦に伴う租界等の日本側の措置は予期以上の反響にて此の点は日本側としては想像以上の大成功と断じて可なり、右は支那上下に対する反響（日本内地の事は知らず）及世界の輿論を見ての結論なり。今後此の大政策を直進して一歩も退かざるに於ては我が対支政策は必ず成功すべし、此点は確定的の看透《みとお》しなり」ときわめて楽天的な見通しを述べた。

四月二十日、重光は谷に代って外相に就任、谷は中国大使となる。重光の楽観とは異なり、現地から届く新政策の反応には暗いものが多かった。ことに経済方面において「官憲による業界壟断」の弊害が起きていることがしばしば指摘された。

上海の田尻愛義《あきよし》公使は六月九日、汪国民政府の地方官憲が能力、素質ともに劣悪で中央の政令なども都合の悪いものは実施せず、他面、物資取り締りなどは中央命令を「自己の放縦なる解釈に依り専ら私腹を肥やす為に利用し居り之が為め、地方中国民衆は現在の出鱈目《でたらめ》なる中国側地方官憲より寧ろ日本軍の軍政の方結構なりと称し居る程にして、斯くては新政策の狙ひたる戦力培養（物資取得）の如きは到底期待し得ず。又国府強化の代りに民心は益々国府より離反し、新四軍乃至重慶政権に向ふべし」と新政策の逆作用を危惧した。

対支新政策の一つの頂点は、日本の中国に対する諸要求のいわば総括である汪政権との一九四〇年十一月三十日の基本条約をすべて廃棄し、改めて同盟条約を締結（十月三十日）したことであった。基本条約の生命はわずか三年にも満たなかったのである。しかしこの思い切った措置も具体的にはなんの影響も及ぼさなかった。

十二月、華中を視察して帰った晴気誠少佐（大本営参謀）も新政策転換以来の汪国民政府の状態について「新政策は政府首脳に面子を与へたる点は認むべきも政策の真意は大衆とは全く遊離しありて却つて役人に公然と悪事を働かせる結果となれり。即ち高物価、役人の商売、軍隊の悪化、物資の停頓、治安悪化等悪影響尠からず」と状況の悪化を指摘したのであった（『機密戦争日誌』下）。

対支新政策の失敗はもとより重光の責任ではない。そしてまた日本側が口を揃えて非難する汪政権下級官僚の悪劣な行為に原因を求めるのも無理である。一年前の十一月一日、大東亜省が設置された直後の二十七日の連絡会議における青木大東亜大臣の次の発言を思い起こす必要があろう。

「中国における敵産処理についてみるも、現地はすべて取込み主義にして、租界は返すが、倉庫も家屋もめぼしいものは、みな取ろうとする思想である。かくては租界には何も残らず、かような返し方をされては民心の離反もやむをえないこととなる。支那人からみれば大企業、例えば鉄山とか炭鉱とかが取られたというのならばまだよいが、小売商まで全部が日本人に奪われたと考えている。しかもこれらの日本人がみな軍に泣きついては、自分に都合のよいように事を運ぶのに腐心している」

一片の「新政策」で打開するには六年に及ぶ日本の占領地経営蹉跌《さてつ》の根はあまりに深かったのである。

中国占領地の状況は陰鬱であったが、このような時、十一月五、六の両日、東条首相は大東亜諸国の首脳を集めて東京で「大東亜会議」を開催した。重光外相の建策である。タイ、フィリピン、ビルマ、満州国の各首脳と中国からは汪兆銘主席が出席した。会議は大東亜共同宣言を採択、発表した。重光によればそれは「大西洋憲章に相対するものであるとともに、その精神において、これと共通する多くの思想を含んでいるが、大西洋憲章の如き単なる主義の声明ではなく、会合各国の政策実行の宣言」であった（『昭和の動乱』下）。重光は大東亜宣言に二つの意義を認めた。一つは米英の大西洋憲章（一九四一年八月の米英共同宣言）と共通する思想であること、二つは大西洋憲章のような主義の声明ではないという点である。しかし「形勢非にして道義を唱う」の印象もまた拭い難いものがあった。

カイロ宣言

一九四三年一月三日、外交部情報司長邵毓麟《しょういくりん》は『大公報』に「如何に日本事件を解決すべきか」との論文を発表した。そのなかで邵は日本の陸軍を潰滅してはじめて戦争に勝利を得ることができ、日本の軍閥政権を打倒して和平を確保し得ると説いた。そして民主日本の人民は、日本は日本人の日本であって、亜細亜《アジア》は日本人の亜細亜ではないことを自覚しなければならないと主張した。朝鮮が日本の大陸侵出の踏み台となり朝鮮の独立が侵害されたのが甲午戦争（日清戦争）の起点、日露戦争の誘因、延《ひ》いては太平洋戦争の遠因なので朝鮮の独立が中日戦争の帰結であり連合国の協同作戦の目標である、とした。われわれの求めるのは一言で言えば中国は中国人の中国たるべしに尽きる。台湾、琉球、東北四省はすべて中国に返還されなければならない、日本問題の決着は要するに「日本は日本人の日本」であり「中国は中国人の中国」ということにあると邵は結んだ。この見解は今後の中国の対日和平条件の基幹になる考えであった。

この年（一九四三年）はヨーロッパ戦域で大きな転機が訪れ、連合国は勝利への道を確実にした。連合軍は五月、北アフリカでドイツ軍を投降させ、七月シチリア島上陸、九月にはイタリアが降伏して枢軸国の一角が崩壊した。十月十九日からモスクワで開かれた米英ソ三国外相会議は三十日「一般的安全保障に関する四カ国宣言」を発表、戦後の平和維持のための国際組織創立をアピールした。この宣言に中国が四大国の一員として署名（駐ソ大使傅秉常《ふへいじよう》）したことは中国の国際的地位の向上を示すものであった。続いて米英中首脳会議（カイロ）、米英ソ首脳会議（テヘラン）が開催された。

蔣介石は、宋美齢夫人、王寵恵、商震などとともに十一月二十一日カイロに到着、初めてルーズヴェルト、チャーチルとの首脳会談に臨んだ。蔣にとって課題は二つあった。一つは戦後構想と関連しての対日和平条件であり、他は直面しているビルマ反攻作戦の確定である。中国の準備した和平案は日本の武装解除、領土の回復、賠償のほか、琉球の国際的管理、朝鮮、インドの独立などに触れていた。

対日和平条件および戦後構想については二十三日の晩餐後のルーズヴェルト大統領、蔣介石主席（蔣は九月、主席に就任）会談が機軸となった。列席したのは宋美齢、王寵恵とホプキンス（アメリカ大統領補佐官）である。

議題は多岐にわたったが主な内容は次の通りである（「」は発言内容）。

一、中国の国際的地位

大統領「中国は四大国の一つとして平等の立場ですべての決定に参与する」

二、日本皇室の地位

大統領「戦後日本の天皇制は廃止されるべきか」
主席「政府の形態とも関連するが戦後日本国民の選択に委ねる」
三、日本の軍事占領
大統領「中国が指導的役割を果たす」
主席「米国主導のもとで中国も参加する」
四、賠償
主席「一部は現物決済、産業機械、軍艦、商船、機関車などの委譲を受ける」
大統領承認
五、領土の回復
主席、大統領「満州、台湾、澎湖《ほうこ》諸島の中国への返還」で一致
大統領「中国は琉球を望むか」
主席「米中による共同管理」
大統領「香港問題への対応は如何」
主席「アメリカはまずイギリスと協議すべきである」
六、軍事協力
主席「旅順港の米中共同使用を考慮」

その他朝鮮、インドシナの独立達成問題、戦後中国再建への援助問題などが審議された。

会議終了後発表の宣言案の起草は、二十三日の第一回ルーズヴェルト・蔣介石会談の直後から始まった。会議に列席した王寵恵とホプキンスが草案の作成にあたった。作成後イギリス側に示され、二十六日の参謀会議でイギリスは修正案を提出した。原案では満州、台湾などが中国に返還されるとあったのを単に日本が放棄するとし、朝鮮を独立させるとあったのを日本の統治から離脱と修正した。イギリス提案に王寵恵が強く反対しアメリカも中国の主張を支持したため原案通りとなった。

我々三大連合国（米英中）は野蛮な敵（日本）に対し海陸空から容赦ない強圧を加える決意を表明する。この強圧はすでに増大しつつある。

我々の今次戦争遂行の目的は日本の侵略を制止し懲罰することにある。我々は自己の利益を図ったり領土を拡大する意図をもっていない。我々の目的は日本が第一次世界大戦開始後太平洋で奪取または占領したすべての島嶼を剝奪すること、また日本が中国から窃取した満州、台湾、澎湖諸島などすべての地域を中国に返還させることにある。日本はまた暴力や強欲によって獲得した他のすべての地域から駆逐される。我々は朝鮮人民が奴隷状態にあることに留意し朝鮮に自由と独立とをもたらすことを決意した。

我々は以上の目的のもとに、日本と戦っている連合諸国と協力し日本を無条件降伏させるため重大かつ長期にわたる戦争を遂行し続けるであろう。

この宣言はテヘランでスターリンの同意を得たうえで十二月一日、ニューヨーク、ロンドン、重慶で発表された。重慶はじめ中国各地で民衆は熱狂的にこの宣言を歓迎したが、日本では新聞の片隅に簡単に報道された。しかし八日の開戦二周年記念日に東条首相はラジオ放送で同宣言は「是《これ》正に戦ひに疲れ、前途の不安に襲はれ、焦燥する彼等指導者が当面の失敗を糊塗せんとする謀略的夢物語であつて、詢《まこと》に笑止の至り」と痛罵した。

カイロ宣言において朝鮮の独立が米英の首脳によって原則的に確認されたことは重大な意義をもつ。中国が満州、台湾の返還とならんで朝鮮の独立を重視していたことは一月の邵の論文でも明らかである。それは中国の対日講和条件の要《かなめ》の一つであった。しかし日本の指導者は朝鮮独立の意義を理解できなかったし、理解しようともしなかったのである。

約八ヵ月後の一九四四年八月八日の（陸軍）省部主務者による「対外政略指導要綱案」の一節に「半島人（朝鮮人）・本島人（台湾人）に対しては徹底的皇民化を図る　之が為帝国臣民としての権利、義務を与ふるも独立運動に対しては峻烈なる弾圧を加ふ」とあるのはカイロ宣言を意識してのことと判断して誤りではないであろう（『終戦工作の記録』上）。

成都B29の活動

一九四三年二月二十七日、支那派遣軍の任務が更改された。新任務として指示されたのは「敵継戦企図の破摧衰亡に任ずると共に在支敵空軍の活動を封殺するに努むべし」であり、中国におけるアメリカ航空部隊の動向を警戒したのであった。

日本がこの段階で警戒したアメリカ航空部隊は、元来シェンノート少将が指揮する義勇飛行隊として成立した。しかし一九四二年七月、正式に中国派遣アメリカ航空部隊として現役化、さらに一九四三年三月、アメリカ第十四航空隊に再編成され、B24新型爆撃機が配備されたのである。

一九四三年九月三十日、御前会議が開催され「今後採るべき戦争指導の大綱」が決定をみた。今後絶対確保すべき要域として「千島、小笠原、マリアナ、カロリン（内南洋中西部）、および西部ニューギニア、ビルマ」が指定された。戦局の不利にともなう絶対国防圏の縮小である。中国（重慶）に対しては「不断の強圧を継続し特に支那大陸よりする我本土空襲並海上交通の妨害を制扼しつつ機を見て速やかに支那問題の解決を図る」とあった。中国におけるアメリカ航空部隊の脅威を警戒したのであった。

一九四三年から四四年にかけてルーズヴェルト大統領は中国の基地から日本を爆撃するというプランに深い関心をもった。このプロジェクトはマッターホルン計画と呼ばれた。多くの期待のなかで登場が近づいた巨大爆撃機B29を使って中国基地から日本鉱工業地帯を爆撃することは、日本の戦争遂行能力を壊滅に導くとともに、蔣介石のもとで抗戦を続ける中国人の士気を鼓舞すると考えられた。

一九四三年十一月十日、カイロ会議の開催を前にしてルーズヴェルト大統領は蔣介石とチャーチルにB29の配置について協力を要請した。すなわちチャーチルにはカルカッタ付近の基地整備、蔣介石には成都近郊での五飛行場の建設である。ルーズヴェルトは蔣介石に飛行場を来年（一九四四年）三月末までに完成するよう要求し、必要な資金は武器貸与法で提供すると保証した。中英両国は直ちに同意した。

B29の第二十爆撃隊は、四月に創設された第二十航空軍に編成されて陸軍航空軍総司令官アーノルド将軍の直接指揮下に入ることになった。

一九四四年一月から成都飛行場の建設が始まった。四〇万近い労働者が工事に徴用された。膨大な人力によって三ヵ月後には工事がほぼ完了した。最初のB29二機がインドを飛び立ち、数万民衆の歓呼のなかで成都に着陸したのが四月二十四日であった。以後六月までに八三機のB29が到着した。

B29六八機による日本本土空爆は六月十五日深夜から十六日にかけて実施された。目標になったのは北九州の八幡製鉄所である。製鉄所の損害は大きくなかったが、民間人死者は二一六名、重傷一五一名、軽傷二二五名、行方不明四一名に達した。このB29による最初の日本本土空襲のニュースは、ノルマンディー上陸作戦成功で沸き立っているアメリカ国内で第二の吉報として大きな歓迎を受けた。重慶はじめ中国各地でも大々的に報道された。六月十五日はアメリカ軍がサイパンに上陸した日でもあった。

第二十航空軍の成都からの出動は計二〇回におよんだ。日本内地に九回、満州と台湾に一〇回、漢口に一回である。八月から第二十航空軍の司令はルメー将軍となった。

主要な例を挙げてみよう。

七月七日　佐世保海軍基地、長崎、大村　一八機

七月二十九日　南満州鞍山《あんざん》製鋼所　六〇機

八月二十日　北九州八幡製鉄所　六一機

九月八日　鞍山、瀋陽、大連、本渓湖　九五機

九月二十六日　鞍山、大連、瀋陽　七二機

十一月十一日　南京　六一機、大村　三五機（南京は天候による変更）

十一月二十一日　大村　一〇九機

十二月七日　瀋陽　九一機

十二月十八日　漢口　八四機

十二月二十一日　遼寧地区の基地　四九機

十二月十八日の漢口爆撃はB29爆撃隊のみでなく、シェンノート指揮の第十四航空隊の爆撃機、戦闘機も加わり焼夷弾による絨毯《じゅうたん》爆撃の実施となった。漢口は三日間にわたって燃え続けた。漢口爆撃はスティルウェル参謀長に代って中国戦線の指揮をとることになったウェデマイヤー将軍（十月三十一日着任）の強い指示によるものであった（スティルウェルは蔣介石との反目により十月二十日、本国に召還された）。中国側は漢口の惨憺たる被害を複雑に受け止めたとみられる。

しかしこの巨大な爆撃機の維持と補給のために、ヒマラヤ越え空輸資材の大部分が使用された。この空輸資材を中国陸軍の再建やシェンノートの第十四航空隊に使えばより有効に日本と戦えるとも、現地では考えられた。

一九四五年二月、B29の巨大な姿は中国戦線から消えた。すでに前年十月から新サイパン基地にB29は進出していた。そのB29九四機による東京初空襲が実施されたのは十一月二十四日であった（A. Young, *China and the Helping Hand 1937-1945*）。

二つの談話——共産軍について

ここで若杉参謀（三笠宮崇仁《たかひと》親王）が一九四四年一月五日南京の支那派遣軍総司令部高等官食堂で行なった教育講話について紹介したい。共産軍にも触れているからである。

三笠宮は一九四一年陸軍大学校を卒業、同校研究部員を経て一九四三年一月、支那派遣軍参謀

に任命され、十四日南京着、支那派遣軍参謀部第一課に「若杉参謀」の別名で勤務を始めてから約一年たっていた（大尉で着任、離任時少佐）。

一月十日大本営勤務となるが、転任を前に南京諸部隊の尉官約一二〇―一三〇名を集めて教育講話を行なった。総参謀長松井太久郎中将以下参謀二十余名も列席した。三笠宮が一九三四年士官学校本科に進学のとき辻政信大尉が中隊長であった。そして今度総司令部に着任した時、偶然であるが辻が大佐参謀でいたので講話の内容はあらかじめ辻に見せたという。

この講話は日本軍の反省にとどまらず、中国抗日の原因、共産党拡大の理由、汪国民政府評価にまで及び、日中戦争の現状批判にまで発展した。

まず蔣介石が抗日になった原因として三笠宮は「満州独立、日本の華北に対する野心、支那事変勃発以後日本軍の暴虐行為に依る抗日宣伝の裏付け、強姦、良民の殺傷、放火、中国独立革命気運に逆行し日本の中国革命に対する援助の不足或いは妨害」等々を列挙した。そして「中国を抗日ならしめた責任は何としても隣組であり夫である日本人が負はなければならない」とした。

次いで共産党猖獗《しょうけつ》の原因について、共産軍の軍紀の厳正さを称え、一方で日本軍の軍紀の弛緩を厳しく指摘した。「中共の男女関係は極めて厳重で強姦などは絶無に等しい。対民衆軍規も極めて厳正であって日本軍の比ではない」「斯くの如く（軍が）口では料理屋の出入禁止で如何にも自粛の神様の様であるが内容之に伴はず日本軍民間に於てすら待遇は雲泥であり況や前記の中共や草の実を集めてゐる中国農民とは比較するの尺度を持たないのである。之で中共が猖獗しなかつたら世界七不思議の第一となるであらう。のみならず斯くの如き日本軍では到底中共に対抗することは出来ないと思ふ」と痛論した。草の実を集めている中国農民というのは日本軍占領地のある地方で農民が雑穀が実っても刈入れもせず草や木の実を集めているのは、雑穀はみな日本軍に取られるので結局自分たちの食べる草木の実からまず集め始めるという状況を指している。

汪兆銘国民政府も厳しい批判の対象となった。「元来（汪）国民政府は日本が真に中国の為を思ひ民衆を救ひ統一国家を完成する為に作つた政府と言ふより、当時外国から非難された日本の侵略主義を掩蔽《えんぺい》せんが為めの一時的思ひ付きに依る小刀細工の観が深い」と指摘し、「斯くの如き政府なるが故に首脳部は別として其の末梢に於ける大部分の官吏軍人等は真に道義に基づく抗戦の意識の薄弱なる者か又は日本を利用して金を儲け様とし、日本が彼等の唱へる表面的親日に誤魔化された連中で……右の如き政府に民衆の信頼なきは当り前である」と結論した。

租界返還、不平等条約撤廃で中国民衆多年の願望が達成されたとの論に対し、「之は四億の中国人の極く一部たる政治家、学生の願望ではないか、民衆の願望は『安居楽業』である」と述べた。

これら痛烈な軍への批判を聞かされた総参謀長以下高級将校の反応は複雑であったと思われる（柴田紳一『昭和期の皇室と政治外交』）。

一方延安では六月二十二日、第十八集団軍参謀長葉剣英は辺区を訪問した内外記者団（『マンチェスターガーディアン』特派員、ガンサー、スタインもその一員）に対し「中共抗戦の一般状況」と題する談話を発表した（『解放日報』八月十二日掲載）。それは基本的にはこの年三月の日本の一号作戦開始までの八路軍、新四軍の活動を詳細に報告したものだが、重要な内容を含んでいた。

まず日中戦争開始以来の共産軍（正規軍、遊撃隊）の増減をみてみよう。

年次	八路軍	新四軍	合計
一九三七	八〇、〇〇〇	一二、〇〇〇	九二、〇〇〇
一九三八	一五六、七〇〇	二五、〇〇〇	一八一、七〇〇
一九三九	二七〇、〇〇〇	五〇、〇〇〇	三二〇、〇〇〇
一九四〇	四〇〇、〇〇〇	一〇〇、〇〇〇	五〇〇、〇〇〇
一九四一	三〇五、〇〇〇	一三五、〇〇〇	四四〇、〇〇〇
一九四二	三四〇、〇〇〇	一一〇、九六〇	四五〇、九六〇
一九四三	三三九、〇〇〇	一二五、八九二	四六四、八九二
一九四四	三二〇、八〇〇	一五三、六七六	四七四、四七六

これら部隊の武器であるが、抗戦の当初はソ連製とみられる一二〇挺の軽機関銃と六門の対戦車砲を給与されたのみで、それ以外まったく武器の支給を受けず、弾薬すら一九四〇年以来発給

を停止された。国民政府からは一九四一年以後「一挺の銃、一発の弾丸、一銭の金、一粒の米」の補給をも受けていないと葉は言う。武器は自身のもの、日本軍、偽軍から鹵獲《ろかく》したもの（大部分は偽軍から）、民間からの自発的な供出によるが、鹵獲した拳銃、小銃は計三二万挺（軽、重機関銃、大小砲は含まず）に達し、これだけで五四万人を武装できるとした。

葉によれば、中国共産党は正規軍、遊撃隊のほか華北、華中、華南（海南島）の三大敵後戦場には、概数で華北一五五万、華中五五万、華南不明の民兵を擁していた。

華北で共産軍の政令が及んでいる地域には人民五千余万（全華北人口の五・一割）が居住し、晋綏《しんすい》、晋察冀《しんさつき》、晋冀予《しんきよ》、晋魯予《しんろよ》、山東の五大軍区があり、各軍区内には軍分区と呼ばれる数個ないし十数個の小軍区があった。華中敵後戦場は江西、浙江、安徽、湖北、河南、湖南の六省に跨り、日本軍占領地人口の約五割三〇〇〇万が共産党の政令下に居住している。日本軍は武漢占領以後政策を変更して、国民党に対しては政治的誘導を主とし軍事進攻を副として、その主力を敵後戦場に移して共産党に残酷な進攻を加えるようになった。「一九三八年十月より一九四四年三月に至る五年半の間、敵（日本軍）は国民党に対し僅かに数回の戦役性進攻を加えたのみに止まり、戦略性進攻を加えたことは無く、大体に於て早暁に出動し日が暮れて帰るという程度であった。その間国民党の採った政策は『空威張り』と『観戦』の政策であった。即ち敵が来ると一寸肩を怒らせて空威張りをして見せるが敵が去ると拱手《きょうしゅ》傍観の態度を採る。国民党の斯かる政策こそ今日河南、湖南両戦役を失敗に導いた原因である」。

しかし、これら葉の評価は時期を同じくして戦われた国民政府軍による衡陽の攻防（次節）を見ても再検討を要するであろう。

葉報告で注目を要するのは偽軍（汪政権下の傀儡軍）の存在とその意義についての分析である。敵後戦場における偽軍は七八万に達しているが、そのもっとも急速に増加したのは一九四二年春からである。しかも偽軍のなかには国民政府の命令を受けて共産軍攻撃に従事しているものも少なくないと葉は指摘する。そしてさらにその背後には深遠な計画があると示唆した。

「即ち国民党は将来日本が失敗して大都市および交通の要衝より退出したる際、偽軍をして敵旗の代りに国旗を掲げせしめ、『反正』を宣言せしめて、これ等の大都市および交通の要衝を占領し、正面の国民党軍隊に呼応せしめ全国的戦争を展開せんとしているのである。数年来偽軍の間に流行している所謂曲線救国論とは即ち斯かる民族に対する反逆を目的とするものである。……国民党軍は、偽軍を討伐しない。全偽軍の圧力が悉く共産軍の身体に掩いかかっているのだ」

すでに日本の敗色が濃厚になっていた時、葉のこの指摘は重要性を増すとみられる。

また葉は報告で日本軍捕虜に触れ、過去七年間に八路軍二五二二名、新四軍五〇〇名の捕虜を得たが、大部分は日本軍に送還し、現在華北、華中に総計三二二名が残留し、そのうち二八九名が解放連盟に参加したとした（大東亜省「情報第三十八号」昭和十九年十二月十五日）。

一号作戦

一九四三年秋、日本は蔣介石重慶政府の抗戦力を次のように高く評価した(「世界情勢判断」一九月二十五日連絡会議)。

一、継戦意志は相当に鞏固《きょうこ》なり、人的資源豊富なり。
二、蔣の地位は尚鞏固にして其の政治力未だ衰えず。
三、軽兵器及食料の自給可能なり。
四、軍隊は装備劣等なるも現状程度の戦闘に支障なし、在支米空軍は漸次増強の趨勢に在るを以て之が活動は軽視を許さざるべし。

このような時、十一月二十五日、江西省遂川《すいせん》を出発したアメリカ航空部隊B25九機、P38六機が台湾新竹を空襲して日本側に衝撃を与えた。

一九四四年に入ってアメリカ航空部隊の華南における活動、台湾への渡洋爆撃をみた大本営は一月二十四日「敵を撃破して湘桂、粤漢《えつかん》及び南部京漢鉄道沿線の要域を確保し以て敵空軍の主要基地を覆滅し其の跳梁を封鎖する」作戦の実行を支那派遣軍に命じた。一号作戦(大陸打通作戦)である。予想されるB29の中国配備と本土空襲の実施が憂慮されたのである。支那派遣軍は参加人員約五一万、馬匹約一〇万、火砲約一五〇〇門、自動車約一万五〇〇〇輛を動員する計画を樹立した。四月、まず京漢作戦が開始され、北支那方面軍は五月二十五日に古都洛陽を占領した。東条首相が陸相に加えて参謀総長を兼任するにいたったのは、この年(一九四四年)二月二十一日である。これから内閣の崩壊(七月二十一日)までの五カ月間は東条にとって緊張と不安の日々が続いた。

ヨーロッパでは六月六日、ノルマンディー上陸作戦が決行され、連合軍の本格的反攻が開始された。太平洋戦線でも同月十五日、アメリカ軍はサイパン島に上陸、七月七日に日本軍守備隊は玉砕した。

東条参謀総長は五月二十六日天皇に京漢作戦の終了ならびに湘桂(湖南、広西)作戦の開始を上奏した。湘桂作戦とビルマ戦線との関連を次のように言っているのは注目されよう。

本作戦(湘桂作戦)は只今遂行中のビルマにおける決戦的作戦と密接なる関連を有するものでありまして本作戦に依る衡陽、桂林、遂川付近主要航空基地の喪失乃至覆滅と相俟ち、北緬《ほくめん》作戦により敵の印支連絡路啓開企図を挫折せしめますれば、固《もと》より敵特に重慶政権及米に与える動揺並其の焦慮は蓋《けだ》し甚大なるものあるべしと判断されます。

湘桂作戦の目的は「在支米空軍の蠢動《しゅんどう》を封殺して皇土の防衛を安全ならしむ」ことであった。作戦の主体をなす横山勇第十一軍司令官は「現下直ちに主動の地位に立ち得るは、広大なる大東亜戦線中独り当呂集団(第十一軍)の正面あるのみ」と語った。太平洋戦線全般の危機的状況のなかでこの華南作戦に寄せられた関心と期待は大きかった（戦史叢書『湖南の会戦』）。

五月二十七日、三〇万を超える第十一軍は攻撃作戦を一斉に開始した。東条参謀総長は秦彦三郎次長（中将）に湘桂作戦の現地視察を命じ、とくに今次作戦の目的が在華アメリカ航空部隊基地の壊滅にあることを徹底させようとした。桂林、柳州はもとより遂川、南雄など南東中国の基地も東条の視野に入っていた。

第十一軍は六月十八日、長沙攻略後、第六十八、第百十六師団を衡陽攻略のため湘江両岸に沿って衡陽に向かわせた。

衡陽は人口四〇万、長沙に次ぐ湖南省第二の都市で、粤漢、湘桂両鉄道の分岐点であり、また大後方東南各省に通じる幹線道路の集中する交通の要衝であった。日中戦争後、上海や漢口の工場が移転して急激に産業、商業の発展した枢要都市である。

第六十八師団の先遣部隊は六月二十六日衡陽飛行場を占領した。両師団の主力は二十八日払暁、衡陽防衛線に向け総攻撃を開始したが、頑強な抵抗に遭遇、二十九日六十八師団佐久間師団長、原田参謀長は迫撃砲の集中砲火を浴びて重傷を負った。二十九日の衡陽城の攻撃は十二時間の力攻にもかかわらず、一部でわずか一キロ敵陣地を攻略したにとどまった。軍高級参謀島貫大佐は三十日の日記に「衡陽の敵の抵抗執拗なり」と記した。七月二日攻撃は挫折、中止となった。六月三十日五桂嶺戦線で日本軍は毒ガスを使用したと中国側は非難した。

日本軍は七月十一日から第二次総攻撃を開始した。第六十八師団長の後任には堤三樹男中将が着任した。

両軍は飛行機による爆撃などの支援を受けながら連日激烈な攻防を繰り返し、白兵戦を展開したが、日本軍はついに堅塁を抜くことができず、またもや挫折するにいたった。七月二十日までの損害は戦死三八六〇名、戦傷八三二七名、戦病七〇九九名、総計一万九二八六名に達した。総兵力の一五・一パーセントである。

八月二日横山第十一軍司令官は衡陽飛行場に到着、陣頭指揮をとり始めた。一方中国側は衡陽を包囲している日本軍の再包囲(解囲攻撃)を計画し続々と援軍を投入してきた。

八月四日、第三次総攻撃は第百十六師団右翼隊(歩兵第百三十三連隊、連隊長黒瀬平一大佐、八月一日少将に進級)の通称エビ高地への攻撃で始まった。四日払暁の突撃は中国軍の側防火力のため阻止され夜間突撃も失敗に終った。

アメリカ軍戦闘機は炎天のなか、連日連夜低空で旋回しながら日本軍を攻撃、その間隙を縫って日本軍飛行隊が衡陽を爆撃するなど空陸を通じての激戦の展開となった。

八月六日、日本軍はようやく主陣地を突破して衡陽市街に入り激しい市街戦を繰り返した。第五十八師団、第百十六師団、第六十八師団、第十三師団の総力を挙げての戦いであった。七日薄暮、第六十八師団の正面陣地に次々と白旗があがり軍使が投降の意志を伝えた。第百十六師団の前面の敵も夜になって投降が始まった。八日朝、堤第六十八師団長が方先覚軍長を引見、正式に投降を確認、停戦が実施された。

中国全土の注視と賞賛を浴びながらの第十軍の四十七日間に及ぶ激烈な抗戦は降伏という意外な結末を迎えた。日本軍は十日までの戦果を遺棄死体約四一〇〇、俘虜軍長以下一万三三〇〇（傷病者を含む）と報告した。日本軍の被害は不明だが、第五十八師団は一万四〇〇〇名が出動して約七〇〇〇名を喪失（森金千秋『華中戦線最後の敗走』）とあるから相当な損害に達したとみられる。

激戦を継続して甚大な被害を受けた黒瀬連隊長は攻略停滞の原因として日本側の砲兵力のお話にならぬ貧弱さと砲弾の不足を挙げ、「砲弾の不足を肉弾で補ったうらみ」があると指摘した。中国軍との戦いで砲弾の不足を肉弾で補わなければならなくなったということが米軍装備の中国軍への浸透を意味するのは明らかであった。

日本軍は第十軍の捕虜を四ヵ所の集中営に収容した。方先覚軍長以下師長など幹部は南郊外の教会に軟禁された。猛暑のなかでの集中営の待遇は苛酷で、食料は不足し、医療も貧弱で、傷病者は次々と死亡した。一方で日本は方先覚を軍長とする「先和軍」を汪兆銘政権のもとに組織し押収武器を与えて警備につかせた。傀儡軍化である。

しかし機会を窺っていた方先覚は十一月十七日雷雨の激しい夜陰に乗じて教会を脱出、十二月七日芷江《しこう》に到着、芷江から空路昆明を経由して十一日重慶に到着した。

進撃を続けた第十一軍は十一月十日桂林、柳州を占領して飛行場破壊の目的は達したが、敵主力はすでに撤退し、その捕捉はできなかった。

十二月二日日本軍は遠く貴州省に入り、第三師団は八寨《はっさい》、第十三師団は独山に進み、占領後直ちに反転した。

衡陽で激戦が続いているころ、遠く雲南省西部でも日本軍は苦戦を強いられていた（孫和平『落日孤城—中日衡陽会戦（保衛会戦）紀実』）。

雲南拉孟金光大隊の玉砕

アメリカは太平洋戦争を有利に展開させるためには、中国戦線を活発化させて日本軍を大陸に釘付けにしておくことが必要と考えていた。しかし戦争勃発直後の一九四二年五月、日本軍のビルマ進攻によってビルマルートは遮断された。アメリカはヒマラヤ越え空輸による昆明への援蔣物資の輸送を実施したが充分な効果を得られず、ビルマ反攻作戦による陸上ルートの再開が緊急の課題となってきた。中国が連合軍によるビルマ反攻を熱望していたことはいうまでもない。

カイロ会議に出席した蔣介石は英米に空輸による援助の増大とビルマ反攻実施時期の明示を強く希望した。会議で三首脳は翌一九四四年三月に水陸両方面からするビルマ反攻作戦の実施、ヒ

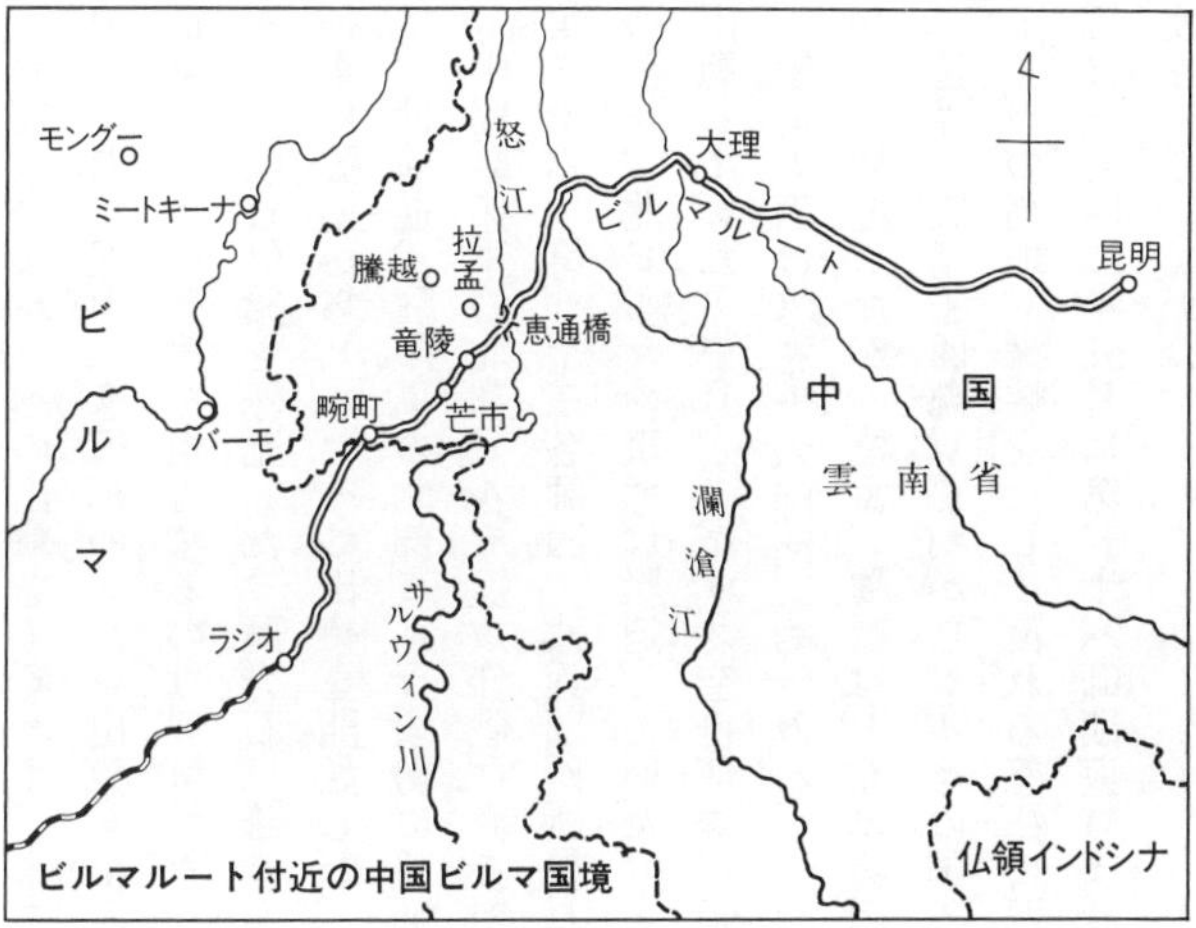

ビルマルート付近の中国ビルマ国境

マラヤ空輸一万トン実現への努力を約束した。しかしカイロに続いてテヘランで開かれた米英ソ三国首脳会議でスターリンがヨーロッパ第二戦線の即時結成と対日戦参加の意向を示すと、元来ビルマ作戦の春季実施に反対していたチャーチルはビルマ反攻を秋まで延期するよう強硬に主張し、アメリカ大統領の同意を得ることに成功した。

十二月七日ルーズヴェルトは蔣介石に対し、ベンガル湾からの水陸作戦なしにビルマ北部からの進攻を来年春季に実施するか、あるいは秋まで延期して水陸作戦との同時進行を図るかの選択を迫った。

蔣介石はビルマ作戦の遅延は国内の対日戦継続に悪影響を与えるとして、ルーズヴェルト大統領に一〇億ドルの借款の提供を要請した。

翌一九四四年四月まで一〇億ドル借款と雲南中

国遠征軍のビルマへの出撃をめぐって、米中両首脳の間に激しい応酬が続いた。蔣は中国国内戦況の逼迫を理由に遠征軍のビルマ出撃を拒み、ルーズヴェルトはアメリカの援助で装備された遠征軍のビルマ派遣を拒否するのは理解できないと強く蔣を非難した。四月、アメリカは雲南遠征軍への物資供給を停止した。蔣介石は譲歩を余儀なくされ、五月十一日衛立煌《えいりつこう》を司令官とする遠征軍は雲南からビルマへの出撃を開始した。中国軍最精鋭部隊約四万が怒江を渡河し騰冲、竜陵に向け前進、駐印軍の北部ビルマ攻勢に呼応したのである。

　中国駐印軍の北部ビルマ反攻作戦に直接対応したのはビルマ方面軍第三十三軍である。第十八、第五十六、第五十三各師団、武兵団が所属した。同軍は一九四四年四月に編成されたばかりであったが、北ビルマの事態は緊迫していた。フーコン方面では第十八師団が駐印軍との戦闘で疲労困憊していた。三月、イギリス空挺部隊が降下して要衝ミートキーナが危機に瀕した。

　雲南方面は第五十六師団（約一万八〇〇〇）の担当であった。師団は拉孟、騰越、竜陵、芒市などに駐屯したが、拉孟、騰越はとくに防御の拠点として陣地の構築を強化していた。

　拉孟は雲南省西部、昆明からビルマの国境に通ずるビルマルート上の要衝で海抜約一五〇〇メートルの高地、深峡をなして流れる怒江の西岸に面し、眼下には恵通橋が見渡せる。しかし恵通橋は一九四二年五月に第五十六師団坂口支隊に追撃され怒江を渡って退却した中国軍が破壊したままになっていた。

拉孟に対し駐印軍の南下に呼応して昆明から出動してきた中国軍（遠征軍）が猛攻を開始したのが一九四四年六月二日である。ルーズヴェルトが遠征軍の出動を蔣介石に強く要求したことは先述した。拉孟に駐屯していたのは第五十六師団第百十三連隊の野砲兵第三大隊であった。大隊長は金光恵次郎少佐、隊員は一二六〇名（うち三〇〇名は入院患者）である。火器として山砲一二門など二二門を擁していた。

遠征軍の一部は拉孟南方を迂回して拉孟・竜陵間のビルマルートを遮断したため、金光大隊は師団主力との連絡路を絶たれ、孤立無援のまま三ヵ月にわたって数万に及ぶ中国軍の重囲を受けるにいたった。

中国軍は七月はじめ、恵通橋を再建、武器弾薬、資材を自動車輸送で大量に集積したのち、攻勢を開始した。火炎放射器、ロケット砲などの新鋭火器も続々と登場、日本軍陣地を次々と破壊した。七月下旬からは陣地内外での手榴弾の投げ合い、塹壕内での凄烈な白兵戦が展開されたが、入れ替わり立ち替わり肉薄する中国兵に金光大隊は死傷者続出の悲惨な状態となった。陣地は火炎放射器で焼き払われ、黒煙が高く立ち上った。金光大隊長の松山師団長宛電報を引用しよう。

八月三十日

三ヶ月余の戦闘と二十八日以来の敵の総攻撃により守兵の健康者は死傷し更に長期の戦闘により歩兵、砲兵共小隊長以上幹部死傷して皆無となる、守兵は不具者のみにて音部山の一角及砲兵隊兵舎、西山、横股の線に縮小して死守しあるも危機の状況なり。又弾薬欠乏して白兵のみの戦闘なるも健康者なきを以て兵団主力の戦況之を許せば挺身隊を編成し拉孟の確保を依頼す。

金光大隊長は一週間後の九月六日に戦死、真鍋邦人大尉が指揮をとり、七日、砲兵掩蓋のなかで軍旗を焼く一方、木下正巳中尉以下三名を報告のため陣地から脱出させた。

九月七日十八時ごろ拉孟陣地一帯の銃砲声はやみ、守備隊は玉砕した（戦史叢書『イラワジ会戦』）。拉孟には女性二〇名内外がいたが、一部は脱出に成功したとみられる（品野実『異郷の鬼拉孟全滅への道』）。

一週間後の九月十五日、拉孟より北の騰越の守備隊二〇二五名もまた玉砕した。

この間、中英軍は八月四日、ミートキーナを占領（水上源蔵少将自決）した。

北ビルマから南下した駐印軍と雲南から出動した遠征軍は、一九四五年一月二十七日、芒友で合流（会師）し、四二年五月以来遮断されていたビルマルートは再開されるにいたった。

小磯内閣

一九四四年六月十五日、アメリカ軍はついにサイパン島に上陸した。ヨーロッパで連合軍がノルマンディーに上陸し、第二戦線を形成した一〇日後である。サイパンでは圧倒的に優勢なアメリカ軍を迎えて死闘を続けた日本軍も七月七日に玉砕した。東条首相はこの危機を内閣の改造をもって乗りきろうとしたが失敗、十八日、ついに総辞職した。

七月二十二日小磯国昭内閣は陸軍大臣杉山元、海軍大臣米内光政で発足、外務大臣には重光葵が留任した。東条は陸相留任の意向があったが無視された。

小磯内閣は対ソ接近を軸に対外政略の構築を急ぐが、日中戦争の収拾もその重要課題の一つであった。まず陸軍、外務の対案を見てみたい。

八月八日付の陸軍省部主務者案の「対ソ交渉の為帝国の譲歩すべき条件」には、防共協定廃棄、南樺太《からふと》の譲渡のほか、中国に関連して

・満州をソに対して非武装地帯とするか、満州北半分をソに譲渡す。

・重慶地区は全面的にソの勢力範囲とし爾他の支那に於ける我が勢力範囲（現国民政府治下の地域）は日ソ勢力の混淆地帯とす。

・此の際汪、蔣、共合作促進に努め蔣応ぜざる場合に於ては中共を支援して重慶に代位せしむることを認む（『終戦工作の記録』上）。

とある。いわばソ連と中国共産党とで中国を分有しようとする試みで、国民政府の存在を無視しての日ソ妥協を意図したものであった。これまで日本（陸軍）が唱えてきた戦争目的などは弊履《へいり》の如く捨て去られた。

外務省に関してみれば、八月三十一日外務原案「重慶工作実施に関する件」では満州国に関し

「満州国は結局に於て支那の領域たらしむることを認む（関東州租借地の返還を含む）（但し満州国の処置に関しては対ソ関係を考慮するを要す）」と満州の放棄、返還が入っているのが注意されよう。

九月五日、最高戦争指導会議は「対重慶政治工作実施に関する件」を正式に決定した。汪国民政府から適当な人物を重慶に派遣させることを前提とした和平条件は、「蔣介石の南京帰還、統一政府の樹立を承認、汪政府との同盟条約を廃棄し蔣国民政府と新条約を締結するが、蔣・汪、蔣・共産党など中国国内問題には一切関与しない、在中国の英米軍が撤退すれば日本軍も完全に撤兵、ただし満州国の現状は不変更」などである。この構想は満州国の現状を維持することを最低条件にして中国側の和を誘うものといえる。一九三七年日中戦争開始後七年を経て、同年七月以前の状態に復帰するということである。

小磯内閣は重慶工作実施のため柴山兼四郎《かねしろう》陸軍次官を南京に派遣した。柴山は九月十三、十四日、陳公博、周仏海と会談、日本の和平意図を伝え、重慶への特使派遣の要請も二人の承諾を得た。周仏海は現在和平を実現することが各方面に及ぼす影響を考えた。周が唯一利点としたのは、日本の敗北は明らかだが、日本は恐らく大陸を決戦場として放棄せず、日米軍が中国で壊滅的戦いを続ければ中国は回復し難い打撃を受ける、しかし今和平して日本軍が撤兵すればその犠牲を免れ得る、という期待であった。この点は柴山の強調したところでもあった。「此の儘に推移せんか（中国は）軈《やが》て止むべからざる日本と米英との最後の決戦場となり之が為幾億の良民が悲惨なる戦禍を受けること必定」と説いたのである。周は二十八日、重慶行きの使者の人選も終えた(『周仏海日記』)。

十月、汪政府考試院長江亢虎《こうこうこ》が来日するが、小磯首相や重光外相が鄭重に応対したのは三月以来名古屋帝大付属病院で加療中の汪兆銘主席の容態が芳しくないのと関連があるとみられる。十一月十日、汪はついに異郷日本で死去した。

江院長とは重光外相が十月十七日と十九日の二回、小磯首相が二十五日に会談した。江は国民党でない自分は汪政府内で「孤立の立場」にあること、来日に当って同副院長繆斌《みょうひん》の緒方竹虎国務相宛書簡を携えてきたことを小磯に伝えた。これらの会談で明らかになったのは、江の来日は繆斌の対重慶和平活動の先触れの役割を担っていることであった。そして江、繆が汪南京政府に反感をもち、その打倒に意欲的なことも判明した。一方小磯、重光がこの会談で強調したのは「支那に於ける戦争の目的は米英侵略戦争の破砕であって支那民衆は勿論重慶軍をも目的にしたのでない」(重光)、「日本の敵は英米にして支那の土地より英米協力を駆逐することが今次戦争の主目的」(小磯)という点で、日本の中国における戦争目的が中国よりの英米勢力の駆逐にあるということであった。重慶政権の打倒という戦争目的が、この段階では中国からの英米の駆逐に変わったのである。

重光の変貌はさらに止まるところを知らない。重光外相の十一月二十四日付佐藤尚武駐ソ大使宛て訓令には次のような一節がある。

今日支那に於ける共産軍（八路軍、新四軍）の全支的勢力に鑑み日蘇《にっソ》関係の調整の為には支那に於て民主主義を認めること当然なり　日蘇妥協の一要項は日本が支那に於て防共の看板を下し民主主義を容認することにあり　此形勢は既に昨年半頃より看取せられ我に於ては支那に於ける対共産軍態度を変更したり

……東亜民族の解放と独立とを目的とする我政策は蘇連の民族政策と一致するものなることを敷衍《ふえん》指摘するに於ては先方の了解を進むるに貢献すべし　（『終戦工作の記録』上）

対ソ施策のため中国のソ連（共産）化を積極的に容認しようとする姿勢である。

外務次官時代の積極的な内政干渉、対支新政策・大東亜宣言の主唱者（宣言は大東亜各国の自主独立、伝統の尊重を強調していた）、そして今共産化の容認、と重光の変貌には眼を見張るものがある。そこに外交官としての情勢判断に基づく柔軟な適応性を見るべきであろう。一貫しているのは中国本来の自主性を疎略視している点である。

年が変わって一九四五年三月十六日、繆斌が来日したが、その和平実行案は、南京汪政府の即時解消、重慶側の意向に基づく「留守府」政権の組織、日本・重慶間の停戦・撤兵交渉の開始、停戦の発表は重慶政府の南京遷都と同時、などであった。重光外相は繆斌を単なる和平ブローカーとして相手にせず、杉山、米内の陸海両相も重光を支持して、本工作に熱意をもっていた小磯

首相、緒方国務相と鋭く対立した。この閣内不一致を一つの理由として小磯内閣は四月五日総辞職し、七日鈴木貫太郎内閣の登場となる。外相東郷茂徳、陸相阿南惟幾、海相米内光政という陣容である。

芷江作戦の敗北

一九四五年一月十九日、梅津参謀総長、及川軍令部総長が陸海軍はじめての共通作戦計画である「帝国陸海軍作戦計画要綱」を列立上奏した。この要綱の主旨は本土決戦への対処を最重要課題とし、「したがつて台湾、支那、満州等は第二義と考へ、本土の兵備完遂を第一義的」(宮崎周一参謀本部第一部長談話)とするものであった。この主旨は支那方面軍総司令官に対する次の「大陸指」となる(第二三六三号第二項)。

支那派遣軍総司令官は主として重慶勢力の衰亡を促進し且在支敵航空勢力の活動を封殺するため支那奥地に対し多数の小部隊を以てする組織的長期に亙る挺身奇襲作戦を実施するものとす。

一月二十九日、岡村総司令官(前年十一月二十三日、畑に代る)は敵前進航空基地覆滅のため北支那方面軍に老河口《ろうかこう》(湖北省西北部、河南省との省境)、第六方面軍に芷江《しこう》(湖南省西南部)の攻略を命じた。

老河口攻撃は北支那方面軍の第十二軍が担当し、さらに第六方面軍第三十四軍から一師団（第三十九師団）が動員され、北支那方面軍の作戦に協力することになった。

第三十九師団は荊門《けいもん》、武安堰《ぶあんえん》、襄陽《じょうよう》、老河口の線を目指し、三月二十日に行動を開始し、二十七日襄陽を占領、北支那方面軍も同日騎兵第四旅団が早くも老河口飛行場に突入し、百十五師団が引き継いで四月八日老河口の占領に成功した（第三十九師団は本作戦終了後満州に転進する）。

北支那方面軍を主体とする老河口攻略はほぼ順調に進展したが、第六方面軍の芷江作戦は惨憺たる敗戦となった。

芷江は衡陽から西へ約一九〇キロ、桂林から北へ約二三〇キロの距離にある中国最大級の空軍基地である。一九四四年六月に長沙、衡陽が陥落、さらに十一月、桂林、柳州が占領されると芷江はアメリカ航空部隊の最重要前進基地となった。アメリカ第十四航空隊の基地でありまた中国空軍第四大隊、第五大隊の基地であった。中国側が完全に掌握した制空権に打撃を与えるためには日本にとって芷江飛行場の奪取は緊急の課題であった。

第六方面軍は芷江作戦を第二十軍に実施させることとした。三月二十九日、岡村支那派遣軍総司令官は南京を出発、漢口経由で三十日衡陽に到着、坂西一良第二十軍司令官と会談、翌三十一日漢口に赴き岡部第六方面軍司令官と会談した。第六方面軍首脳との会談はアメリカ軍飛行機来襲のため防空壕で開催された。唐川安夫第六方面軍参謀長は芷江作戦は充分な準備を整えたのち慎重に行なうべきこと、四川（重慶）進攻には反対の意向を進言した。その理由は「日本の現在における全般的な立場からして、この際西方にかかわっておるべきではない」ということにあった。唐川参謀長は四月二十三日転任を命ぜられ、二十八日漢口を出発し帰国した（戦史叢書『昭和二十年の支那派遣軍(2)』）。

第二十軍は第百十六師団および新たに隷下に入った第四十七師団（内地より派遣中）の先着歩兵一連隊（重広支隊）および第十一軍隷下の第三十四師団の歩兵一個連隊（関根支隊）すなわち計一師団プラス歩兵二連隊の戦力で四月中旬より芷江攻略作戦を開始した。芷江攻略には最低三師団が必要とされていたのである。

第二十軍司令官坂西中将は四月十三日衡陽を出発、十五日宝慶（邵陽《しょうよう》）到着、第百十六師団司令部あとの第二十軍戦闘司令所に入り、その夜作戦に出発する第百十六師団の壮途を見送った。師団長菱田元四郎中将は三月二十七日着任したばかりであった。

第百十六師団が中央を進撃し、北および南から迂回進攻する両支隊とともにまず敵軍を沅江《げんこう》以東の地区で捕捉殲滅したのち芷江に向かうという、二段構えの作戦であった。

しかし各正面とも豊富な火力を装備した中国軍の頑強な抵抗と空からのアメリカ航空部隊の間断ない掃射攻撃により進攻は停頓した。攻撃の主力となった第百十六師団の右縦隊として進撃していた滝寺連隊を追ってみたい。

滝寺連隊は十三日に行動を開始したが、中国軍の戦意がきわめて旺盛で、かつ自動火器、重火器を多数装備し、弾薬も豊富なことを認めざるを得なかった。急峻な山岳地帯で激しい降雨によって泥濘化した道を上り下りする行軍は労苦を極めた。P40やP51の銃爆撃で昼間の行動は不可能となり、白兵戦で陣地を占領しても執拗な逆襲で奪回されるという苦戦が続き、損耗が激化した。一方重広支隊の進攻も阻止されて停頓し、四月下旬には予期した敵軍の捕捉殲滅はおろか、滝寺連隊が逆に包囲されて孤立化し全滅の危機にさらされる状況となった。

五月一日における滝寺連隊の白兵戦能力は四二〇名程度にまで低下した。五月五日の同連隊の状況を「一個中隊八〇名—九〇名編成で出動した各隊の戦闘人員が四分の一の二〇名前後に激減しており、これらは中隊の機能を喪失した全滅に近い数字であった」とした戦記もあった（森金千秋『華中戦線最後の敗走』）。『戦史叢書』の叙述も、五月はじめの滝寺連隊を「死傷続出しまさに累卵の危うきに瀕した」と表現した。滝寺連隊のみでなく第百十六師団自体が中国軍の重囲下に陥ったのである。

退却の師団命令は五月六日に下達された。支那派遣軍が第六方面軍に芷江作戦の中止、原態勢復帰を命じたのが五月九日である。作戦開始以来わずか三週間での惨めな失敗と挫折である。

一方中国側は四月二十二日から五月十一日にかけて、完全に米式化された新鋭の大部隊（新編第六軍）を昆明から続々と空輸により芷江飛行場に到着させていた。その数約二万五八〇〇に達した。

梅津参謀総長から岡村支那派遣軍総司令官に思い切った中国戦線縮小の命令が出されたのは、芷江作戦敗退後の五月二十八日であった。

大陸命第千三百三十五号

二、支那派遣軍総司令官は努めて速に概ね湖南、広西、江西省方面に於ける湘桂、粤漢鉄道沿線の占拠地域を撤して兵力を中北支方面に転用し同方面の戦略態勢を強化すべし。又一軍司令部を速に満洲に転用し得る如く準備すべし。

支那派遣軍はこの命令に基づき六月新たに対米ソ作戦計画の大綱を立案した。それによると対米戦備の重点としてまず華中三角地点、次いで山東半島を指定し、最悪の場合も南京、北平、武漢とその周辺を確保する構想であった。具体的には次の如くとなる。

北支那方面軍　北支要域を確保、九月中に山東半島対米作戦準備。

第六方面軍　第十一軍、第二十軍を武漢周辺に、その他一部を済南、北平などに派遣。

第二十三軍　広東に隔地部隊を集中後、南昌付近経由南京に撤退、派遣軍直轄とする。

第十三軍　福州、温州を撤収後、中支三角地点、南京に集中。

この計画に基づき各部隊はそれぞれ撤退、転進中に終戦を迎えることになったのである。

タックマンによれば六月「日本軍は一九四四年の華東作戦で支配した地域からの撤退を開始し

た。日本軍は撤退する前に桂林、柳州、南寧その他の都市を焼き払い、破壊し、沿岸部と北方に撤収した」。中国部隊は一戦も交えることなく廃墟と化した地域に戻ったのである（『失敗したアメリカの中国政策』）。

ヤルタ・ポツダム・降伏

一九四五年二月四日から十一日まで、ルーズヴェルト、チャーチル、スターリンの米英ソ三首脳はヤルタで第二次大戦最後の巨頭会談を開催した。ルーズヴェルトは二カ月後の四月十二日に死去する。

ヤルタの主要議題はもちろんヨーロッパ問題であったが、極東については対日戦の早期収拾のため必要とされたソ連の対日参戦について重要な決定がなされた。スターリンは対日戦参加のためには国民を納得させるための代償が必要と主張し、ソ連としての要求案を提示し、ルーズヴェルトと折衝を続けた。ソ連は日露戦争における日本への譲与（南樺太、南満州利権）の回復を要求した。満州はカイロ宣言で中国への帰属が決定されていたので当然中国との交渉が必要だが、中国はヤルタに招かれていなかった。したがって中国不在の場所で中国が当事者である重大問題が決定されるという事態となった。蔣介石はじめ中国首脳がヤルタにおける極東問題の審議とその結果に重大な関心をもったのは当然であった。中国代表の出席はともかく中国への事前の協議がまったくなかった理由の一つとして秘密漏洩の可能性が挙げられた。とくにスターリンは極東への二十五師団の集結が終るまでそのことを蔣介石に知らせたくないという希望をもっていた。三首脳のあいだでソ連への代償についての協議が妥結、ソ連はドイツ降伏後二、三カ月内に対日戦へ参加することが確定した。

ここで便宜上二月十一日ヤルタにおける日本関連秘密協定と鈴木内閣が五月十四日の最高戦争指導会議構成員会議で決定した対ソ和平案を比較しておきたい。

ヤルタ秘密協定（二月十一日）	日本の対ソ和平条件（五月十四日）
外蒙古の現状維持	内蒙古のソ連勢力範囲化
樺太南部のソ連への返還	樺太南部の返還
大連の国際商港化（ただしソ連の卓越した利益を保証）	大連のソ連租借
ソ連の海軍基地としての旅順租借の復活	旅順のソ連租借
大連を出口とする東支鉄道および南満州鉄道の中ソ合弁会社による共同運営（ただしソ連の卓越した利益を保証）	北満州鉄道（東支鉄道）の譲歩
千島列島のソ連への譲渡	千島北半の譲渡

南満州の中立化、満州帝国独立の維持

鈴木内閣が五月十四日に対ソ譲歩案を決定した時ソ連はすでに日ソ中立条約の不延長を通告（四月五日）しており、ドイツは無条件降伏（五月七日）し、ヤルタの時より日本にとって情勢はさらに悪化していた。

両案は相似しているが、敗北がすでに決定的となった日本の対ソ譲歩案はヤルタにおいてソ連が勝者（米英）側からすでに獲得した成果に及ばないのである。

蔣介石は一九四五年六月三日に重慶で、ソ連大使のペトロフ（五月四日着任）と戦後の諸問題について率直に意見を交換した。

蔣はソ連が革命以後不平等条約のもと旧ロシアがもっていた特権を列国に先んじて放棄したことに謝意を表明し、再び民国十三年（一九二四年）当時の中ソ合作の可能性を述べた。さらに我々は香港問題についてイギリスと交渉するが九龍は必ず回収する、ソ連がわが国の東三省の主権回復、行政独立の回復を援助してくれるならば中ソ両国人民の（友好）感情は必ず増大すると語り、次のように発言した。

「わが国の失地回復に援助した国が、もし将来極東平和のために海、空軍基地が必要ならば中国は友邦との共同使用を拒まない、ソ連がわが国の東三省の領土、主権の完整、行政の独立を援助すれば、東三省の鉄道と商港について便宜を図るし、もし軍港が必要な際は共同使用するなど決してソ連に不利な措置はとらない」

蔣の発言はすでに米英ソ間のヤルタ協定（二月）の内容について知っていたうえのことであるのは言うまでもない。五月二十二日、アメリカ大使ハーレーから内告を受けていた。

蔣介石は六月八日、ワシントンの宋子文に対し、トルーマン大統領と会談の際、旅順の措置について、旅順を国際安全機構のもとで国際海空軍基地とする、中米ソ共同使用とする、最小限中ソ共同使用とするの三案を提示するよう指示した。旅順のソ連単独使用を拒否する意向であった。九日、大統領は宋子文に密約の内容を知らせ、その履行はソ連の対日参戦のために必要であると通告した。

宋子文は六月二十日、アメリカから重慶に帰国した。二十五日には行政院長に就任、そして月末にはモスクワに飛び、直ちにスターリンとの会談に入った。モロトフ外相は七月三日、盛大な宋子文歓迎会を開催した。十三日、佐藤尚武駐ソ大使は特使近衛文麿の派遣をモロトフ外相に伝えるよう東郷外相の指示を受けた。モロトフは同日スターリンとともにポツダム会議のためベルリンに向け出発するので面会できず、次官に親書を手交するにとどまった。

七月二十六日トルーマン、チャーチル、蔣介石連名で日本に対する降伏要求すなわちポツダム宣言の発表をみた。ベルリン郊外ポツダムでは七月十七日からトルーマン、チャーチル、スターリンの米英ソ三国首脳会談が開かれていた。トルーマン大統領はポツダムで宣言草案へのチャーチル英首相の同意を得、ついで重慶に打電して蔣介石の承認を得たのち公表されたのである。日本に対する降伏勧告という中国にとって最重大課題であるにもかかわらず事前の協議がなかったのは、ヤルタと同じであった。

無条件降伏のための条件といえるポツダム宣言は、六、軍国主義者の権力及び勢力の除去、七、日本領域内指定地点の占領、八、カイロ宣言の履行、主権範囲の限定、九、日本軍の武装解除、十、戦争犯罪人の処罰と人権の尊重、十一、軍需産業の禁止、十二、責任ある政府の樹立と占領軍の撤退、十三、日本軍の無条件降伏の宣言、を列挙していた。

同日（七月二十六日付）の重慶『大公報』は三国宣言について、天皇制の排除が明らかにされていないのが唯一の不満で他の条項はすべて同意するとの論説を掲げた。ただ『大公報』は宣言第六項に「日本国国民を欺瞞し之をして世界征服の挙に出づるの過誤を犯さしめたる者の権力及び勢力は永久に除去せられざるべからず」とあるのを引用し、ここに「the authority and influence」（威権及び勢力）とある威権は天皇を、勢力は軍閥を指すと解釈し天皇の責任が追及されているとの解釈をとった。第八項でカイロ宣言の実行が明示されたことに『大公報』は満足の意を表明するとともに、本宣言で日本の領土が本州、北海道、九州、四国と三国の決定するその他諸島となっているのはカイロ宣言より一歩進んだものと評価したのである。

鈴木内閣はポツダム宣言を無視する態度をとった。しかし八月六日広島への原爆投下、八日ソ連の参戦、九日長崎への原爆投下と連続する衝撃のなかで、九日深夜宮中防空壕で開かれた御前会議は「天皇の国家統治の大権」に変更がないとの諒解のもとで同宣言の受諾を決定し、十日午前六時四十五分、スイス、スウェーデンを通じ、米中英ソ四国に伝達した。

八月十日深夜、支那派遣軍はアメリカのNBC放送を傍受して、日本が天皇制維持を条件にポツダム宣言を受諾する旨の申し入れを連合国に行なったことを知った。中央からも十一日、ポツダム宣言の条件つき受諾を申し入れたと訓電があったが、十二日夕刻には、阿南陸軍大臣・梅津参謀総長の連名で、連合国側の課した条件は、国体護持の真意に反しているので、一意継戦を決意したとの電報も入り、東京における政府首脳部の混乱を察知させたのである。

岡村支那派遣軍総司令官は十四日午後三時、阿南陸相、梅津参謀総長に宛てて、ポツダム宣言受諾には断固として反対すると上申した。天皇の統治大権を認められたとしても、武装を解除された場合だれがその実行を保証するのか、また主権を本土のみに限定されたのでは八〇〇〇万同胞の生存は絶対に不可能で、朝鮮、台湾、南満州は確保する必要があるというのであった。

「数百万の陸軍兵力、決戦を交えずして降伏するがごとき恥辱は、世界戦史にその類をみず。派遣軍は聖戦参与満八ヵ年連戦連勝、いまだ一分隊の玉砕にあたりても完全に兵器を破壊し、これを敵手にまかせざりしに、百万の精鋭健在のまま敗戦の重慶軍に無条件降伏するがごときは、いかなる場合にも絶対に承服しえざるところなり」と岡村総司令官は主張した。しかし芷江作戦の敗北、華南からの全面撤退命令など中国戦局の推移は「百万の精鋭健在のまま」との岡村の自信を裏付けるものではなかった。「支那派遣軍」全面崩壊の危機感が岡村にあったとみる方が自然であろう。

岡村の電報上申と入れ違いに十四日東京を発した大臣・総長電は、天皇がポツダム宣言受諾を聖断されたことを、「小職ら万斛《ばんこく》の涙をのんでこれを伝達す」と告げてきた。

日本が最終的な宣言受諾を連合国側に通告したのが八月十四日である。この日モスクワの宋子文から中ソ友好同盟条約を今晩調印するとの電報が蔣介石に届いた。

翌十五日正午、天皇はラジオ放送で戦争の敗北、終焉を国民に告げた。その一時間前、蔣介石はラジオで「抗戦勝利にあたり全国軍民、全世界の人々に告げる」の演説を放送した。そのなかでとくに「不念旧悪」(旧悪を念ぜず)、「与人為善」(人と善をなす)はわが民族のもっとも尊ぶべき伝統であると前提したうえで次のように述べた。

「我々は一貫して敵は日本の好戦軍閥であって人民ではないとしてきたが、今や敵軍閥を友邦とともに打倒した。我々は日本がすべての降伏条件を忠実に履行するよう要求するが、しかし決して報復を加えんとするものではない、ましてや無辜《むこ》の人民に汚辱を加えるようなことがあってはならない。……もし暴行をもって敵のこれまでの暴行に応え、彼等のこれまでの優越感に侮辱をもって対するならば恨みを報い合うもので終ることがない。これは決して我々仁義の師の目的ではない。このことを我が軍民同胞の一人一人がとくに注意しなければならない」この放送は「徳を以て怨みに報いる」ものとして知られ、とくに日本人に与えた感銘は大きかった。

十二時に行なわれた天皇の玉音放送は途切れ途切れではあるが、中国でも聞くことができた。南京で天皇の放送を聞いた岡村総司令官はただちに全派遣軍将兵に対し「ことすでにここにいたる。本職は承詔必謹もつて宸襟《しんきん》を安んじ奉らんことを期す」と承詔必謹を訓示した。

天皇のラジオ放送の終了を待っていたかのように、中国放送は蔣介石の岡村総司令官への命令すなわち「岡村日本軍最高指揮官はいっさいの軍事行動中止を命令し代理を中国何応欽のもとに派遣し命令を受領すべし。現装備を維持し、所在の秩序維持に任ずべし」を伝達した。

蔣介石は一方で同十五日、軍事委員長名義で淪陥区《りんかん》（日本軍占領地）に向け、地下軍と各地偽軍は現駐地点で地方の治安維持の責任をもち、人民を保護するよう命じ、とくに偽軍には機を見て罪を償うよう努力することを指示した。

汪政府主席陳公博は三六万の偽軍を南京、上海、杭州の三角地帯に集め、国民政府軍による武装解除を待つと蔣に報告した。

十六日午後五時、陳主席は政府解散のための会議を南京で招集した。周仏海、梁鴻志《りょうこうし》、温宗尭《おんそうぎょう》、梅思平以下が出席し、解散に異議を唱えるものはなく、「政府」は「南京臨時政務委員会」に、

「軍事委員会」は「治安委員会」に改称した。汪国民政府は一九四〇年三月三十日成立し四五年八月十六日解散を宣言、五年四ヵ月十七日をもって終焉した。

支那派遣軍は八月十八日、新たな事態への処理方針を決定し、二十日各部隊に通達した。その基本的な態度は、中国の戦後の復興、建設に協力し、国民政府の民族統一を容易ならしめようというのであったが、同時にもし共産側が抗日侮日の挙に出るならば断固膺懲するという方針も明示された。派遣軍の重要な方針決定として注目される内容であった。

岡村総司令官は八月二十八日南京に進駐して国民政府前進指揮所を設置した冷欣中国軍副参謀長を訪問し、会談を行なった。冷が岡村に上海、南京、北平、天津、武漢、青島、広州、香港の八大都市の日本軍による確保を要求したのに対し、岡村は保証を与えた。しかし岡村によれば、華北各県城の七〇パーセントは共産軍によって占領されていたのである。葉剣英が危惧し蔣介石が期待した偽軍「汪政府傀儡軍」の活動の一部を日本軍が代行するという印象は否定できなかった。

国民政府の南京進駐部隊は、九月五日からぞくぞくと空輸されてきた。何応欽総司令も八日、数十機の戦闘機に護衛されて飛来し、首都南京にほとんど八年ぶりで入城したのである。支那派遣軍総司令部の降伏調印式は、九月九日十時、南京中央軍官学校講堂で行なわれた。武装をはずした総司令官岡村寧次大将は、総参謀長小林浅三郎中将、総参謀副長今井武夫少将、台湾軍参謀長諫山《いさやま》春樹中将らを帯同し、中国陸軍総司令何応欽上将の前で降伏文書に調印、支那派遣軍は正式に降伏した。

一九三七年七月七日より八年二ヵ月にわたった中国大陸における日本の「名分なき戦い」はここにようやく終止符を打つにいたったのである。

戦争による死傷者

日中戦争の戦場はビルマを除き中国本土である。したがって軍隊のほかに武器をもたない一般人民の死傷者が膨大な数にのぼったのは明らかである。中国側の発表によって中国軍、民間人の死傷者を示すとともに若干の注記を試みたい。

まず「軍」である。中国軍年次別戦死傷者表をみると一九四一年以後が激減しているのが判明する。太平洋戦争勃発後いわゆる正面戦場は沈静化している。その原因はしばしば指摘されるように国民政府が共産軍との対決に備えて軍を温存したという面もあろうし、日本軍の戦闘能力の低下も考えられる。そのなかで一九四四年の死傷者が比較的多いのは一号作戦の結果であろう。

次に民間人の死傷者をみると（二〇九ページ）、共産党の資料にある「被捕壮丁二七六万」の内容は明白でないが、関係があるとみられる華北労工協会について触れておきたい。

華北労工協会は一九四一年七月設立をみた。目的は華北の労働力を一元的に統制し、労働者の

国民政府軍　A

死亡	1,328,501
負傷	1,769,299
不明	130,126
計	3,227,926
病死	422,479

〔東三省、台湾、解放区の死傷者を含まず〕

中共軍〔八路軍、新四軍、華南抗日遊撃隊〕　B

死亡	160,603
負傷	290,467
捕虜	45,989
失踪	87,208
計	584,267

中国軍〔国民政府〕年次別戦死傷者表　国防部史政局製　C

	戦死	戦傷	失踪
1937	125,120	242,232	
1938	249,213	485,804	
1939	169,652	176,891	
1940	339,530	333,838	
1941	144,915	173,254	17,314
1942	87,917	114,180	45,070
1943	43,223	81,957	37,715
1944	102,719	103,596	4,419
1945	57,659	85,538	25,608
総計	1,319,948	1,797,290	130,126

出典

A．1947年5月21日第四届参政会第三次大会において行政院賠償委員会提出〔『抗日戦争』第二巻軍事下〕

B．張延貴『中共抗日部隊発展史略』1990年解放軍出版社〔『抗日戦争』同上〕

C．『中華民国外交史料彙編』15

国民政府	A
死亡	4,397,504
負傷	4,739,065
計	9,136,569

共産党	B
日本軍、偽軍による殺害(戦死、虐待死、戦傷病死)	3,176,123
被補壮丁	2,760,277
寡婦、孤児、身体障害者	2,963,582
難民	2,600万人

出典A、Bは前ページの表に同じ

募集、供給の斡旋、とくに満州への労働力の計画的配分などの作業を請け負うことであった。理事長には華北政務委員会建設総署署長の殷同《いんどう》が就任したが、実権は三人の日本人理事が握っていた。総部は北京に置き各省の省都と特別市すなわち北京、天津、青島、芝罘《チーフー》、山海関、済南、保定、太原、徐州、開封など一〇ヵ所に弁事処を設置した。一九四二年から華北全域で強制的な労働力の調達が実施され、二〇〇万を超える労働者が華北から満州、蒙疆へ提供された。しかし四四年以後は華北政務委員会が表面に乗り出し、重要労力緊急動員の密令のもとに日本軍、偽軍が出動して「浮浪遊民」を逮捕徴発して日本、満州、蒙疆に送り込んだ。しかしそれでも絶対数が不足し、例えば一九四五年満州向け予定四〇万が七月ようやく四万九〇〇〇にとどまるという状況であった。

日本全土への強制連行は一九四三年四月から試行的に始まり、一九四五年五月まで三万八九三五人であったが、そのうち約九割が華北労工協会の提供であった。

満州、蒙疆、日本に移送された中国人労働者は悲惨な境遇のなかで労働に従事しなければならなかった。満州、蒙疆の極寒地における飯場の状況は囚人労働より悪劣で、吉林の豊満発電所、内蒙の龍烟鉄鉱で多数の凍死者が続出した。龍烟では一九四三年に多くの労働者が腐った馬鈴薯で中毒死したが、この「猪狗食《ちょこう》」(動物の餌)も日本人の親方に差し引かれて、痩せ衰え、また着るものもなく蒙疆鉱山の労働者は麻袋やセメント袋を破いて身体を覆い、悲惨な格好をしていた。土砂崩れやガス爆発による惨害は頻発し、コレラなど伝染病による死者も加わり、連行労働者の死亡率は異常に高く、五〇パーセントに達するところもあり、満州地域に連行された華北労働者六七七万(一九三六―四五)のうち二百余万が死亡し、他方面を加えた七〇〇万の平均死亡率も約三割とされた(居之芬、張利民『日本在華北経済統制略奪史』)。

日本軍の戦死傷者は戦死四一万八四二人(満州地域を含む)、戦傷病者九二万余(同)である。太平洋戦争開始までを前期、以後を後期とすれば戦死者は前期一八万九七八人(靖国神社はノモンハンを含めて一九万一二一五柱とする)、後期二二万九八六四人、戦傷病者は前期四二万七六〇〇人、後期推定五〇万と区分された。戦死者、戦傷病者がともに前期よりも後期に多いのが特徴である。後期の作戦で苦闘を強いられたということができよう。

厚生省援護局の一九六四年三月一日作成の表によれば次のとおりである。日本軍についても中国側のように年次別戦死者数を明らかにしたかったが、さまざまな作業上の困難があって断念せざるを得なかった。

死没者　陸軍　三八万五二〇〇人　海軍　一万九四〇〇人
（一九三七年七月七日―四五年八月十四日まで）

陸軍　五万四〇〇〇人　海軍　七〇〇人
（八月十五日以降）

八年に及んだ日中戦争を回避し得た道は佐藤尚武外相の路線を継承することにあったと指摘（六三ページ）したが、その佐藤は一九四二年三月より駐ソ大使としてモスクワに駐在し、小磯、鈴木両内閣の空しい対ソ依存の和平工作に翻弄されていた。

日本の敗戦が決定的になると佐藤は一九四五年七月二十日、連合国側に一刻も早く降伏を申し入れるよう、強い意見具申の電報を東郷外相に打電した。ポツダム宣言発表の六日前である。

「満州事変以来日本は権道を踏み来り大東亜戦に至り遂に自己の力以上の大戦に突入せり、……本使は最早前途目的達成の望みなく僅に過去の惰性をもつて抵抗を続け居る現状を速に終止し、既に互恵（平等の誤りか、筆者注）の立場にあらずして無益に死地に就かんとする幾十万の人命を繋ぎ、もつて国家滅亡の一歩前においてこれを食止め、七千万同胞を塗炭の苦しみより救ひ、民族の生存を保持せんことをのみ念願す」

最後に佐藤の電報を引用した理由は、「無益に死地に就かんとする幾十万の人命」を惜しむその心情が一九三七年に戦争を回避しようとした志に繋がると信ずるがゆえである。

おわりに

八月十四日の「終戦の詔書」に宣戦および終戦（降伏）の理由をみてみたい。

まず日本の英米二国に対する宣戦について、

「帝国の自存と東亜の安定とを庶幾《しょき》するに出《いで》て他国の主権を排し領土を侵すが如きは固《もと》より朕が志にあらず」

次に終戦の理由について、

「敵は新に残虐なる爆弾を使用して頻《しきり》に無辜を殺戮し惨害の及ぶ所真に測るべからざるに至る而《しか》も尚交戦を継続せんか終《つい》に我が民族の滅亡を招来するのみならず延《ひい》て人類の文明をも破却すべし」

とある。

要約すると自存と東亜の安定のために米英と戦ったが、戦局利あらず敵はさらに残虐な原爆で無辜の民を殺戮し、民族滅亡の惧れがあるので終戦するというのであって、明確な論理である。

しかし、八年におよんで中国大陸に展開された日中戦争という大戦争には、このような形での開戦の名分も終戦の名分もないことをあらためて認識せざるを得ないのである。

八月十六日の『朝日新聞』は「死せず亜細亜の魂　東亜解放の途への団結」という記事を載せた。社説欄ではなく署名もないが、社説的なものと理解してよいであろう。その主旨は次の通りである。

「大東亜戦争の終結とともに、大東亜解放の理想も消えた。……しかし大東亜戦争によって点ぜられた有色人種覚醒の火は不滅なものである……

現在こそ勝利国家群の末席に列つてゐる重慶支那であるが、その延安に対する関係は支那の内部問題たると同時に国際的性格をもち、この狂瀾怒濤に翻弄される支那民族の姿は、勝利国の名とはおよそ縁遠いものであらう。……

かつて日露戦後同じく解放への熱望に燃える支那の国民的要請を我々が正確に把握しなかつたところに、その後における東亜の悲劇の発端があつた。だが我々はあくまでアジアを救ふ唯一の道がアジアの団結にあることを信じ、その途上に来るべき幾多の試練を克服し抜かんことを期するものである。」

ここには「支那」(中国)という名が登場するが、それは日中戦争とは無縁、無関係の中国である。

数百万の犠牲者、数千万の難民を出し、主要な国土の大半が荒廃に帰した日中戦争はすでに名実ともに無視されている。

日中戦争の初期(一九三七年十月)に米国のジャーナリスト、スメドレーが西安で目撃したのは貧しい難民たち——たいていの女性は纏足《てんそく》していた——の群れが、全財産を肩に背負いながら、何千となく町すじを流れてゆく光景であった(『中国は抵抗する』)。

この日中戦争の原風景、原点は原爆の投下、ソ連の参戦、そして敗北の衝撃のなかで早くも雲散霧消してしまったのであろうか。

あとがき

今日まで栗原健先生をはじめ多くの師友に恵まれてきたが、今回はとくに細谷千博、今井清一、江口圭一の諸氏ならびに本庄比佐子氏の現代日中関係史研究会各位の日ごろの御教示に感謝したい。昨秋、江口氏からいただいた励ましは身にあまるものであった。

本書を書くにあたり、友人でもある二人の若い近代史家の言葉を念頭に置くよう心がけた。一つは有馬学氏の「中国ナショナリズムの抑圧という単純なかたちでシンパシーを表明することで、中国という存在の多様性をひとつに塗りつぶしてしまう可能性があるわけです」であり、一つは戸部良一氏の「むろん今日の観点からすると、和平派の中国認識にも問題とすべき点がなかったわけではない。ただ、そうした彼らの限界のみをあげつらうのは、後に生まれた者の傲慢さというべきであろう」である（有馬著『「国際化」の中の帝国日本』付録、戸部著『ピース・フィーラー――支那事変和平工作の群像』より引用）。この二つの指摘には思い当るところが多く、自戒に努めたが力及ばずの感が深い。

また、本書中には、今日の視点からすると、民族差別、障害者差別を反映すると考えられる言辞が登場するが、当時の意識を正確に伝えるための引用的な用法であるため、そのまま用いている。

最後に妻鍋田久子に謝意を表したい。小冊子ではあるが本書は彼女の支持と協力なしに成稿することは不可能であった。

二〇〇〇年春

臼井勝美

参考史料・文献

「帝国の対支外交政策一件」第三巻、A・一・一・〇・一〇、外務省記録
「支那事変関係一件」第三十二巻、A・一・一・〇・三〇、同
「同　　事変処理に関する政策　上」第二巻、同
「対支中央機関設置問題一件」A・一・一・〇・三一、同
「外国鉱山及鉱業関係雑件　中国の部　直隷省の部」E・四・八・〇・X四・C一・六・一、同
「情報」第三十八号　解放日報重要社説及記事、中共抗戦の一般状況（大東亜省調書）同

『日本外交文書』昭和八年対中国関係ほか、外務省史料館、一九九八年
『日本外交年表並主要文書』下、外務省史料館、一九五五年
『外務省執務報告』東亜局、六巻、クレス出版、一九九三年
『外務省公表集』第九巻、支那事変関係、クレス出版、一九九三年
『終戦工作の記録』上下、栗原健、波多野澄雄、講談社文庫、一九八六年
『現代史資料』正、続『日中戦争』『満洲事変』『陸軍』『太平洋戦争4』みすず書房
『機密戦争日誌』下、軍事史学会編、錦正社、一九九八年

『戦史叢書　支那事変陸軍作戦一―三』ほか、防衛庁防衛研修所、朝雲出版社、一九七五年
『中華民国大事記』五巻、韓信夫など編、中国文芸出版社
『蔣総統集』第二冊、国防研究院、民国五十年
『中日外交史料叢編』中華民国外交問題研究会編纂、民国五十四年七月
『抗日戦争』七巻十一冊、中国史学会、中国社会科学院近代史研究所編、四川大学出版会、一九九七年
『中華民国外交史料彙編』陳志奇編、十五巻、国立編訳館主編、渤海堂文化公司印行
『中国抗日戦争地図集』武月星主編、中国地図出版社、一九九五年
『中国共産党史資料集』第十二巻、日本国際問題研究所、一九七五年
Foreign Relations of the United States, 1940, China
『周仏海日記』上下、蔡徳金編注、中国社会科学出版社、一九八六年、同訳、みすず書房、一九九二年
『黄膺白先生年譜』上下、沈雲龍編著、民国六十四年
『第二次中日戦争史』上下、呉相湘編著、綜合月刊社、一九七三年
『抗日戦争時期中国対外関係』陶文釗ほか編、中共党史出版社、一九九五年
『中国抗戦軍事史』羅煥章、高培主編、北京出版社、一九九五年
『蔣介石』董顕光、寺島正・奥野正巳訳、日本外政学会、一九五五年
『開羅会議』梁敬錞、台湾商務印書館、民国六十三年
『抗戦時期的対外関係』唐培吉主編、北京燕山出版社、一九九七年
『宋哲元与七七抗戦』李雲漢、伝記文学出版社
『日本在華北経済統制略奪史』居之芬、張利民主編、天津古籍出版社、一九九七年

『国難期間応変図存之研究』劉維開、国史館、民国八十四年
『中国遠征軍史』時広東、冀伯祥、重慶出版社、一九六五年
『中国遠征軍戦史』徐康明、軍事科学出版社、一九九五年
『落日孤城―中日衡陽会戦（保衛会戦）紀実』孫和平、湖南文芸出版社、一九九三年
『張学良外伝』陳崇橋、胡玉海編、江西省人民出版社、一九八八年
『南京大屠殺』孫宅巍主編、北京出版社、一九九七年
China and the Helping Hand 1937-1945, A. N. Young, 1963
The China Tangle, Herbert Feis, 1965
『失敗したアメリカの中国政策』バーバラ・W・タックマン、杉辺利英訳、朝日新聞社、一九九六年
『無鳥の夏』ハン・スーイン、長尾喜又訳、春秋社、一九七二年
『中国の日本観』玉島信義編訳、弘文堂新社、一九六七年
『蔣介石秘録』十四巻、サンケイ新聞社、一九七七年
『蔣介石』黄仁宇、北村稔ほか訳、東方書店、一九九七年
『近衛文麿』下、矢部貞治、弘文堂、一九五二年
『外務省の百年』下、原書房、一九六九年
『太平洋戦争への道』第三、四巻（日中戦争）、朝日新聞社、一九六二年
『昭和の動乱』上下、重光葵、中央公論社、一九七七年
『太平洋戦争とアジア外交』波多野澄雄、東京大学出版会、一九九六年
『日中関係と外政機構の研究』馬場明、原書房、一九八三年

『昭和期の皇室と政治外交』柴田紳一、原書房、一九九五年
『盧溝橋事件の研究』秦郁彦、東京大学出版会、一九九六年
『南京事件』秦郁彦、中公新書、一九八六年
『南京事件』笠原十九司、岩波新書、一九九七年
『戦略爆撃の思想』前田哲男、現代教養文庫、社会思想社、一九九七年
『日中十五年戦争と私』遠藤三郎、日中書林社、一九七四年
『B29』第二次世界大戦ブックス、サンケイ新聞社出版局、一九七一年
『斎藤隆夫かく戦えり』草柳大蔵、文藝春秋、一九八一年
『異郷の鬼　拉孟全滅への道』品野実、谷沢書房、一九八一年
『召集兵　中国芷江作戦の全記録』佐藤鉄章、河出文庫、一九八九年
『華中戦線最後の敗走』森金千秋、光和堂、一九八五年

「盧溝橋事件爆発後国民政府対冀察当局的応戦督導」曾景忠『記念七七抗戦六十周年学術研討会論文集』上巻、国史館、一九九八年
「張群与調整中日関係」蔣永敬『抗日戦争研究』一九九三年二月
「中ソ関係史研究二題」李嘉谷『抗日戦争研究』一九九五年一月

（本目録は史料的なものおよび直接的に引用させていただいたものを中心に作成した。）

臼井勝美（うすい・かつみ）

1924年（大正13年），栃木県に生まれる．
1948年，京都大学文学部史学科卒業．外務省，電気通信大学，九州大学，筑波大学，桜美林大学に勤務．筑波大学名誉教授．専攻，日本近代史．
著書『日本と中国－大正時代』（原書房）
『日本外交史－北伐の時代』（塙書房）
『満州事変』（中公新書）
『満州国と国際連盟』（吉川弘文館）
『日中外交史研究－昭和前期』（吉川弘文館）
『中国をめぐる近代日本の外交』（筑摩書房）

新版《しんばん》 日中戦争《にっちゅうせんそう》
中公新書 *1532*

2000年4月25日初版
2021年10月30日3版

著　者　臼井勝美
発行者　松田陽三

本文印刷　三晃印刷
カバー印刷　大熊整美堂
製　　本　小泉製本

発行所　中央公論新社
〒100-8152
東京都千代田区大手町1-7-1
電話　販売 03-5299-1730
　　　編集 03-5299-1830
URL http://www.chuko.co.jp/

定価はカバーに表示してあります．
落丁本・乱丁本はお手数ですが小社販売部宛にお送りください．送料小社負担にてお取り替えいたします．

Published by CHUOKORON-SHINSHA, INC.
Printed in Japan　ISBN978-4-12-101532-7 C1222

中公新書刊行のことば

いまからちょうど五世紀まえ、グーテンベルクが近代印刷術を発明したとき、書物の大量生産は潜在的可能性を獲得し、いまからちょうど一世紀まえ、世界のおもな文明国で義務教育制度が採用されたとき、書物の大量需要の潜在性が形成された。この二つの潜在性がはげしく現実化したのが現代である。

いまや、書物によって視野を拡大し、変りゆく世界に豊かに対応しようとする強い要求を私たちは抑えることができない。この要求にこたえる義務を、今日の書物は背負っている。だが、その義務は、たんに専門的知識の通俗化をはかることによって果たされるものでもなく、通俗的好奇心にうったえて、いたずらに発行部数の巨大さを誇ることによって果たされるものでもない。現代を真摯に生きようとする読者に、真に知るに価いする知識だけを選びだして提供すること、これが中公新書の最大の目標である。

私たちは、知識として錯覚しているものによってしばしば動かされ、裏切られる。私たちは、作為によってあたえられた知識のうえに生きることがあまりに多く、ゆるぎない事実を通して思索することがあまりにすくない。中公新書が、その一貫した特色として自らに課すものは、この事実のみの持つ無条件の説得力を発揮させることである。現代にあらたな意味を投げかけるべく待機している過去の歴史的事実もまた、中公新書によって数多く発掘されるであろう。

中公新書は、現代を自らの眼で見つめようとする、逞しい知的な読者の活力となることを欲している。

一九六二年一一月

現代史

2105 昭和天皇　古川隆久
2309 朝鮮王公族—帝国日本の準皇族　新城道彦
2482 日本統治下の朝鮮　木村光彦
632 海軍と日本　池田　清
2192 政友会と民政党　井上寿一
1138 キメラ—満洲国の肖像（増補版）　山室信一
2348 日本陸軍とモンゴル　楊　海英
2144 昭和陸軍の軌跡　川田　稔
2587 五・一五事件　小山俊樹
76 二・二六事件（増補改版）　高橋正衛
2059 外務省革新派　戸部良一
1951 広田弘毅　服部龍二
2657 平沼騏一郎　萩原　淳
795 南京事件（増補版）　秦　郁彦
84 90 太平洋戦争（上下）　児島　襄
2465 日本軍兵士—アジア・太平洋戦争の現実　吉田　裕
2387 戦艦武蔵　一ノ瀬俊也
2525 硫《い》黄《おう》島《とう》　石原　俊
2337 特攻—戦争と日本人　栗原俊雄
244 248 東京裁判（上下）　児島　襄
2015 「大日本帝国」崩壊　加藤聖文
2296 日本占領史 1945-1952　福永文夫
2411 シベリア抑留　富田　武
2471 戦前日本のポピュリズム　筒井清忠
2171 治安維持法　中澤俊輔
1759 言論統制　佐藤卓己
828 清沢《きよさわ》洌《きよし》（増補版）　北岡伸一
2638 幣原喜重郎　熊本史雄
1243 石橋湛山　増田　弘
2515 小泉信三—天皇の師として、自由主義者として　小川原正道

中公新書

現代史